ハローキティとパティ＆ジミーのクロスステッチBOOK

宗のりこ

Introduction

キティ

身長はりんご５個分。体重はりんご３個分。明るくて、やさしい女のコ。クッキーを作ったり、ピアノを弾くのが大好きで、夢はピアニストか、詩人になること。音楽と英語が得意。好きな食べ物は、ママが作ったアップルパイ。双子の妹、ミミィとは大のなかよし。

パティ　　ジミー

アメリカのカンザスシティに住んでいるラブラブカップル。パティはスポーツ万能だけど、勉強はちょっと苦手。元気いっぱいな、おてんばな女の子。ジミーは、パティの隣りの家に住んでいて、勉強とチェスが得意なやさしい男の子。将来の夢は大統領になること。

誠文堂新光社

ハローキティとパティ&ジミーの
キュートな世界が刺繍の図案になりました。
アルファベットで自分のイニシャルや名前を
刺すこともできます。

クロスステッチは図案どおりに刺していけば
そのとおりにできあがるので、どなたでも
気軽に楽しむことができます。

お気に入りの服やバッグに刺したり、
額に入れたりして楽しんでください。

Contents

HELLO KITTY

001

ハローキティだよ

できあがりサイズ：w約19cm×h約18cm
総カウント数：1948ct（71w×69h）
色の数：６色
使用布：DMCリネン（3865）28ct
使用糸：コスモ25番刺繍糸（４本どり）
※織り糸３×３本で刺繍

100	(806 ct)
275	(14 ct)
302	(20 ct)
415A	(286 ct)
600	(566 ct)
800	(256 ct)

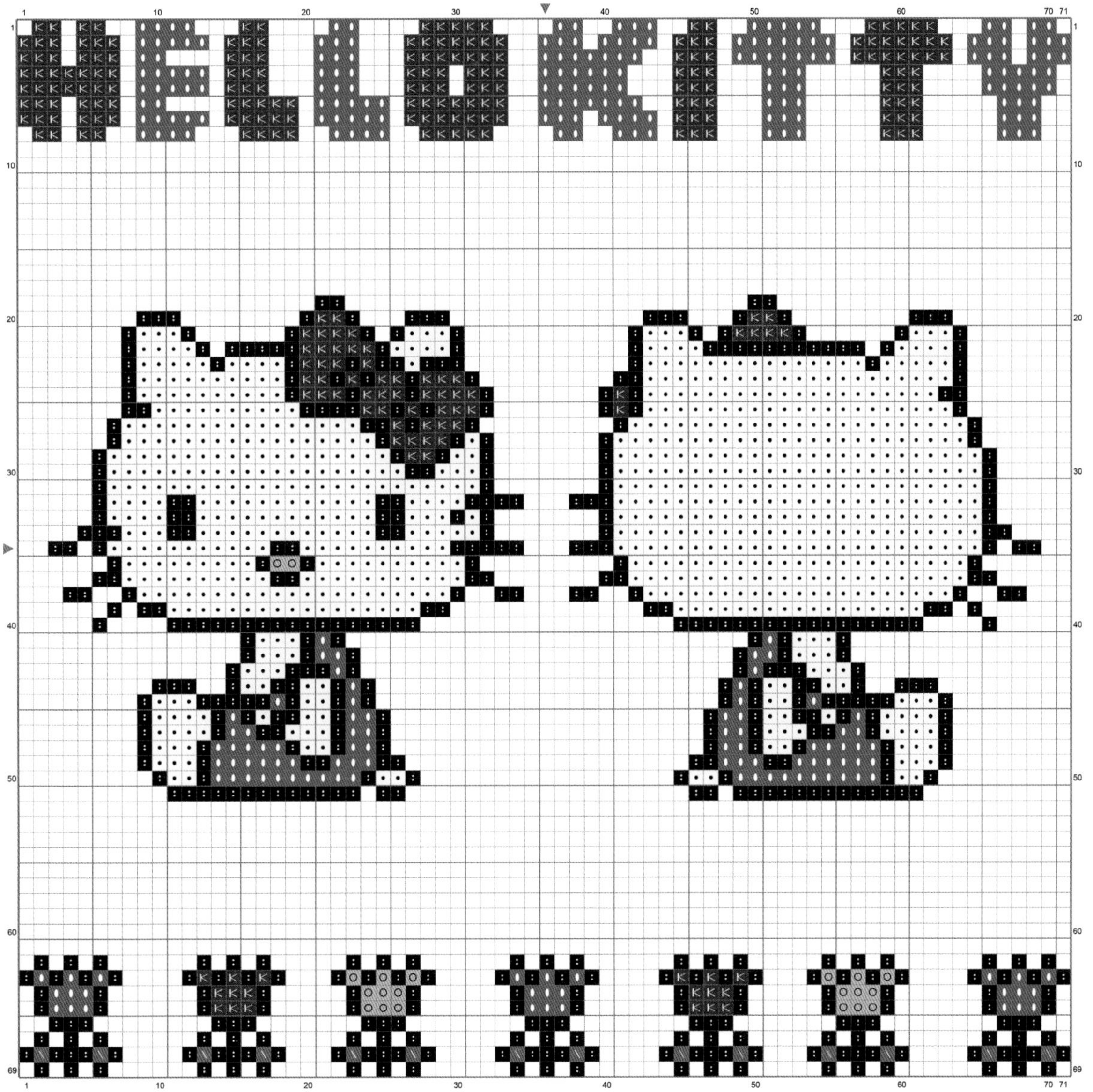

HELLO KITTY

002

コーヒーカップに乗って

できあがりサイズ：w約13cm×h約14cm
総カウント数：2390ct（71w×77h）
色の数：５色
使用布：コスモジャバクロス55（ナチュラルベージュ）14ct
使用糸：コスモ25番刺繍糸（３本どり）

•	100	(605 ct)
○	302	(993 ct)
	415A	(1 ct)
：	600	(669 ct)
K	800	(122 ct)

HELLO KITTY

003

キティとミミィ

できあがりサイズ：w約12cm×h約7cm
総カウント数：1644ct（63w×38h）
色の数：6色
使用布：シャツにコスモ抜きキャンバス（14ct）
使用糸：コスモ25番刺繍糸（３本どり）

•	100	(811 ct)
＼	275	(10 ct)
日	301	(164 ct)
0	415A	(10 ct)
:	600	(489 ct)
K	800	(160 ct)

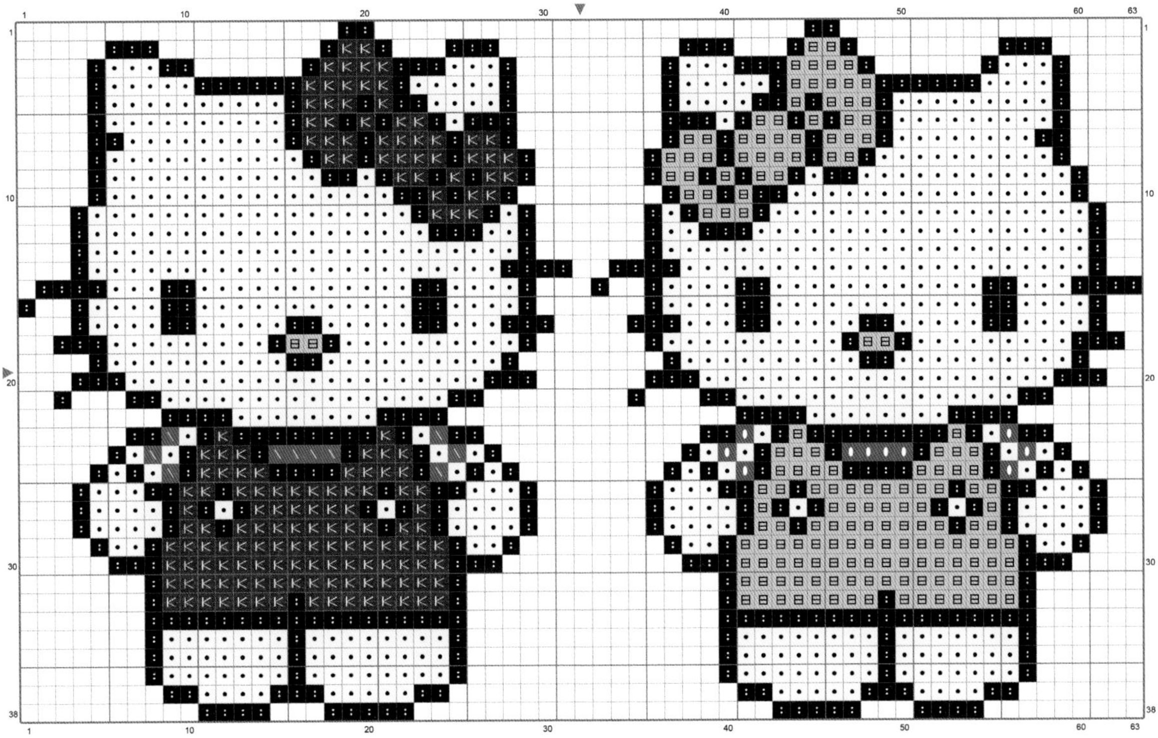

HELLO KITTY

004

お料理大好き

できあがりサイズ：w約13cm×h約14cm
総カウント数：2217ct（81w×87h）
色の数：７色
使用布：Zweigart Belfast Antique White 32ct.
使用糸：コスモ25番刺繍糸（2本どり）

100	(429 ct)
275	(67 ct)
302	(371 ct)
412	(46 ct)
415A	(174 ct)
600	(850 ct)
800	(280 ct)

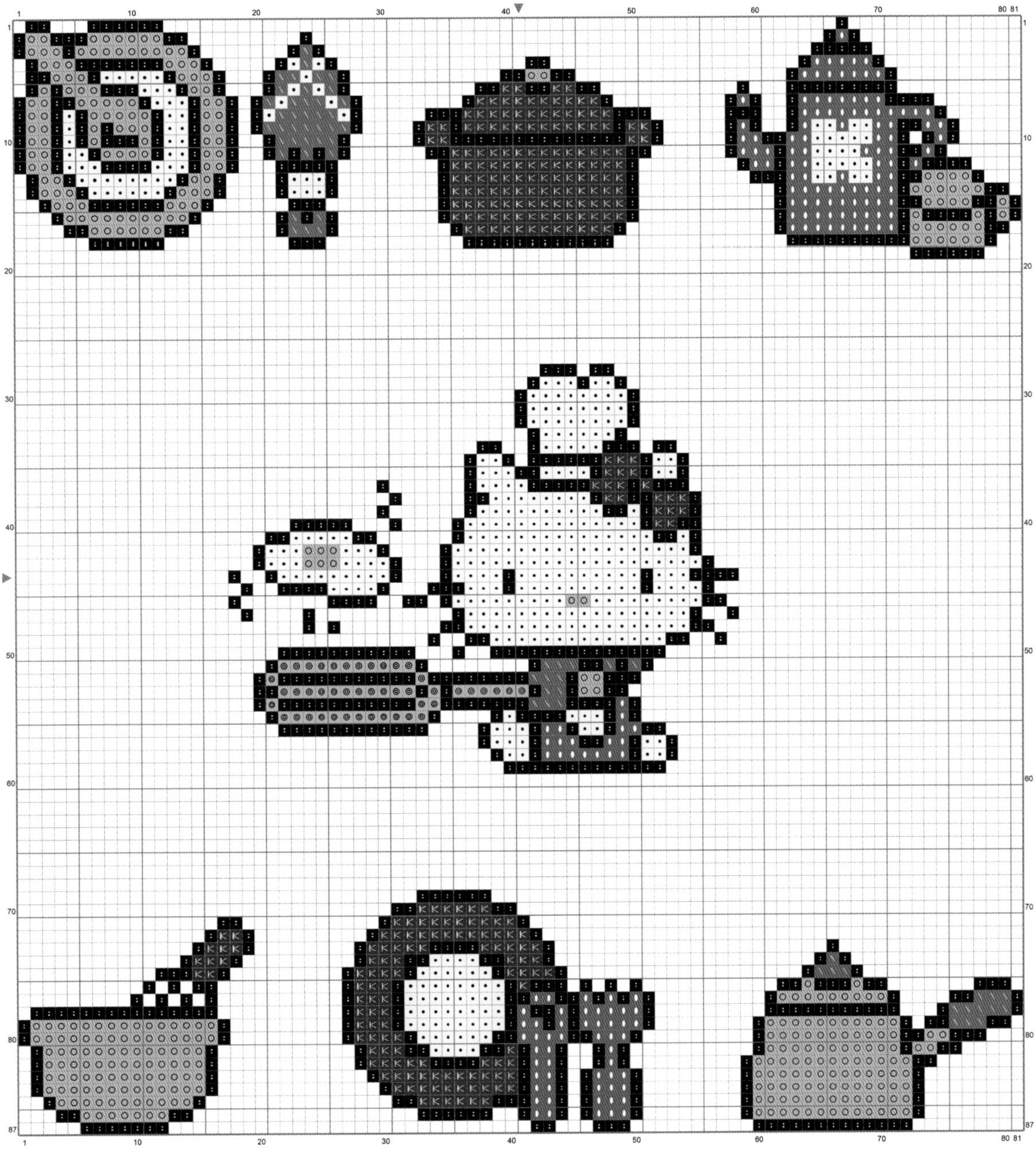

HELLO KITTY

005

仲間たち・1

できあがりサイズ：w約14cm×h約15cm
総カウント数：3084ct（74w×80h）
色の数：12色
使用布：コスモジャバクロス55（ホワイト）14ct
使用糸：コスモ25番刺繍糸（3本どり）
※ストレートステッチは2本どり

•	100	(447 ct)
\	275	(102 ct)
コ	300	(152 ct)
W	354	(14 ct)
	415A	(293 ct)
I	426	(262 ct)
+	499	(107 ct)
	600	(1003 ct)
F	704	(71 ct)
K	800	(135 ct)
⊣	2412	(121 ct)
//	2702	(355 ct)

ストレートステッチ
600

HELLO KITTY

006

仲間たち・2

できあがりサイズ：w約14cm×h約15cm
総カウント数：3149ct（75w×80h）
色の数：11色
使用布：コスモジャバクロス55（ホワイト）14ct
使用糸：コスモ25番刺繍糸（3本どり）

100	(81 ct)
275	(90 ct)
300	(551 ct)
306	(281 ct)
415A	(64 ct)
426	(290 ct)
600	(1104 ct)
704	(197 ct)
800	(51 ct)
2412	(42 ct)
2702	(398 ct)

HELLO KITTY

007

キティの切手

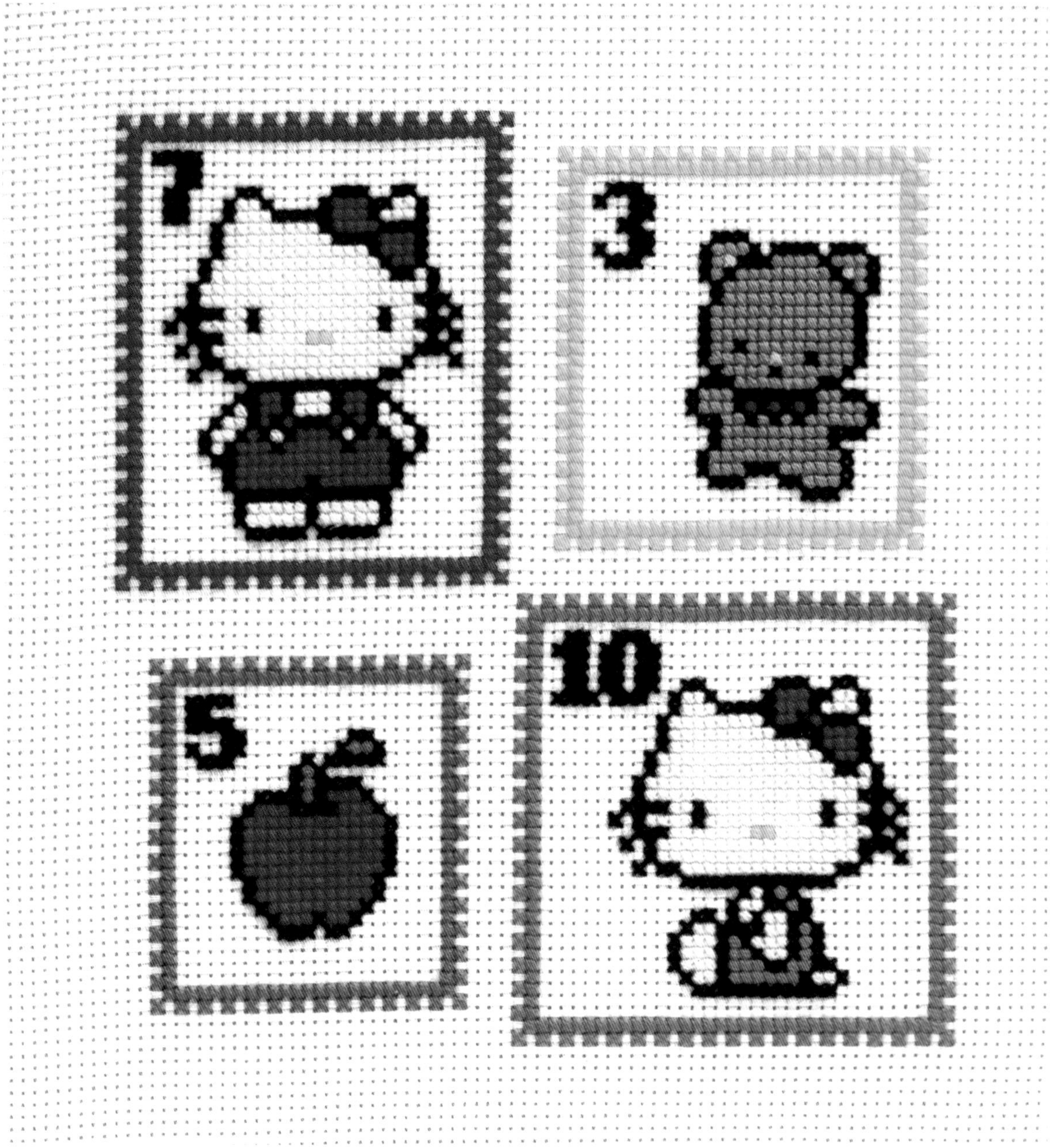

できあがりサイズ：w約13cm×h約14cm
総カウント数：2162ct（71w×77h）
色の数：７色
使用布：コスモジャバクロス55（オフホワイト）14ct
使用糸：コスモ25番刺繍糸（３本どり）

•	100	(462 ct)
＼	275	(159 ct)
O	302	(185 ct)
0	415A	(227 ct)
:	600	(544 ct)
F	704	(177 ct)
K	800	(408 ct)

HELLO KITTY

008

飛行機

できあがりサイズ：w約12cm×h約13cm
総カウント数：1486ct（67w×73h）
色の数：６色
使用布：DMCリネン（842）28ct
使用糸：コスモ25番刺繍糸（３本どり）

•	100	(879 ct)
\	275	(216 ct)
○	302	(239 ct)
0	415A	(34 ct)
:	600	(37 ct)
K	800	(81 ct)

HELLO KITTY

009

ワンポイント・1

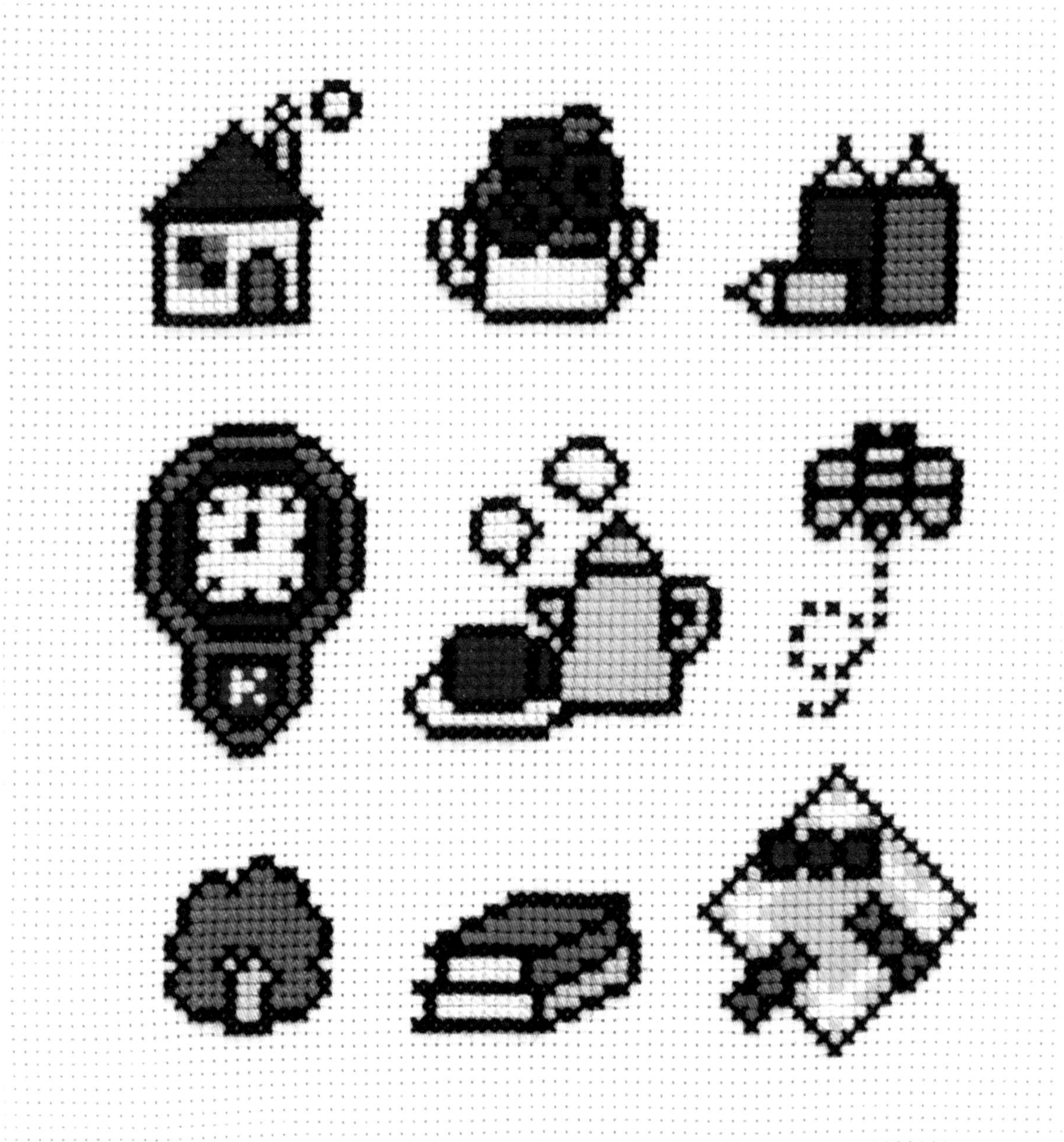

できあがりサイズ：w約13cm×h約14cm
総カウント数：1958ct（71w×77h）
色の数：６色
使用布：コスモジャバクロス55（ホワイト）14ct
使用糸：コスモ25番刺繍糸（３本どり）

100	(321 ct)
275	(119 ct)
301	(261 ct)
415A	(175 ct)
600	(880 ct)
800	(202 ct)

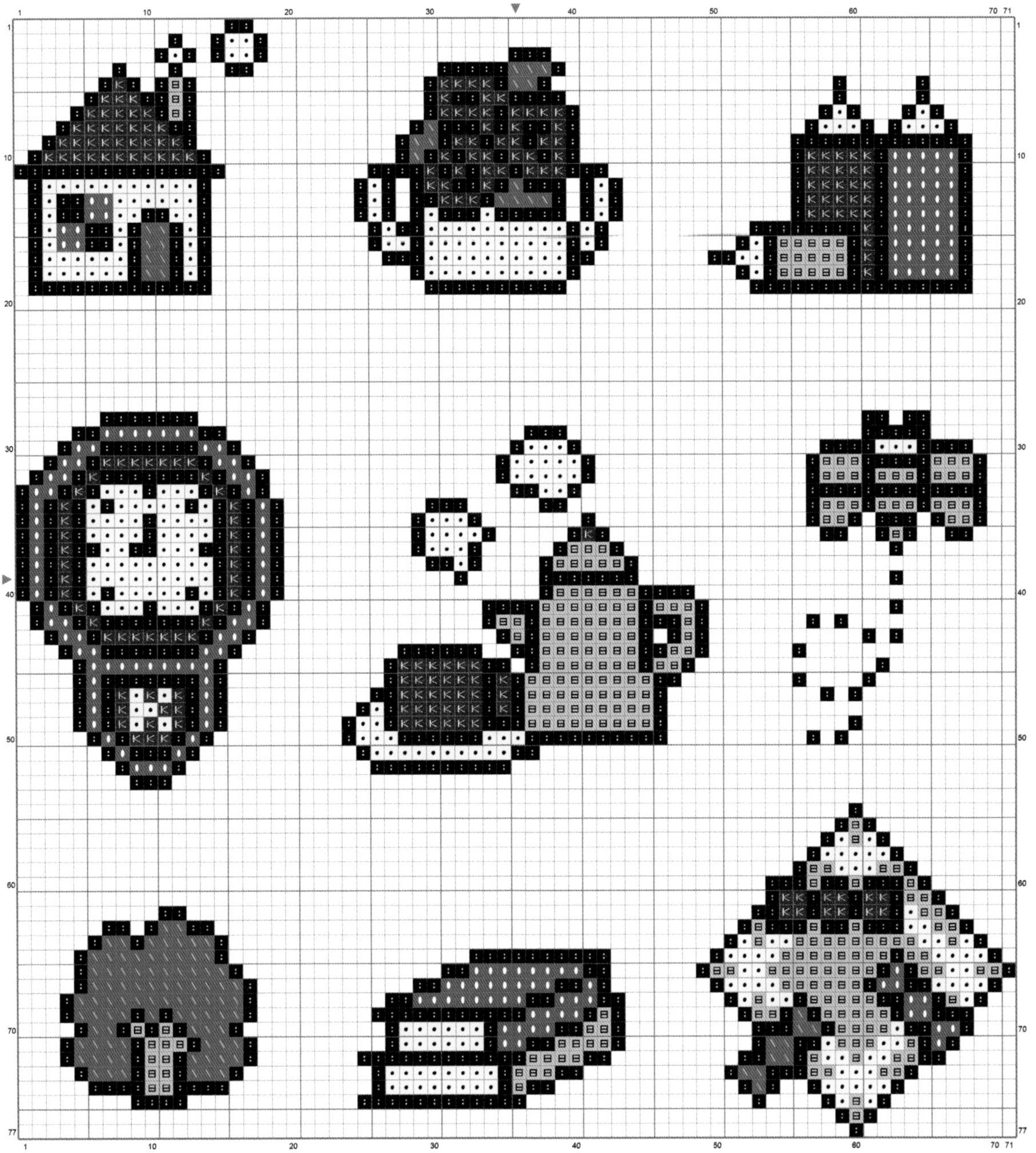

HELLO KITTY

010

ワンポイント・2

できあがりサイズ：w約13cm×h約14cm
総カウント数：2623ct（71w×77h）
色の数：７色
使用布：コスモジャバクロス55（ホワイト）14ct
使用糸：コスモ25番刺繍糸（３本どり）

•	100	(431 ct)
╲	275	(100 ct)
⊟	301	(210 ct)
0	415A	(365 ct)
|	426	(12 ct)
:	600	(1118 ct)
K	800	(387 ct)

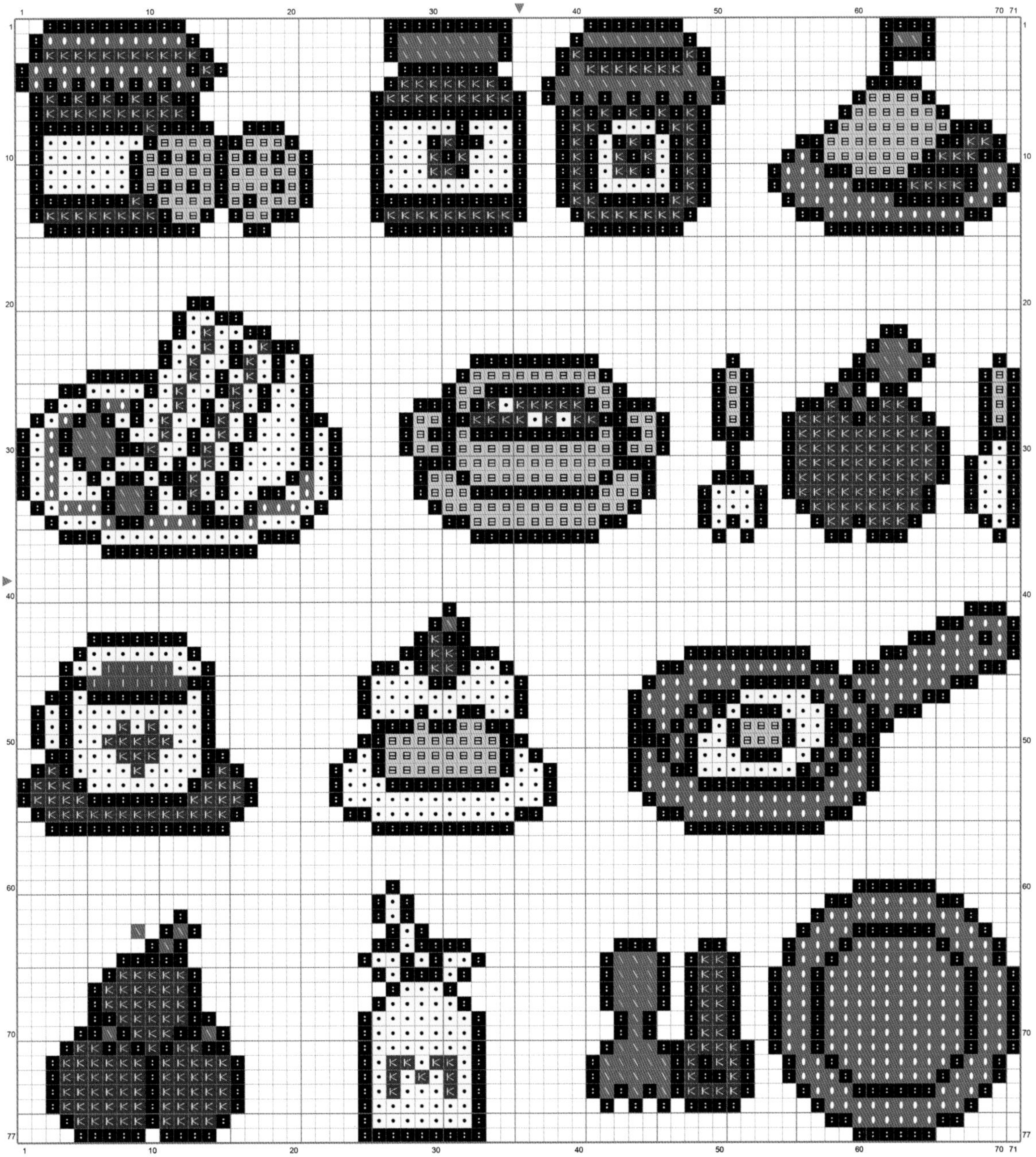

HELLO KITTY

011

ワンポイント・3

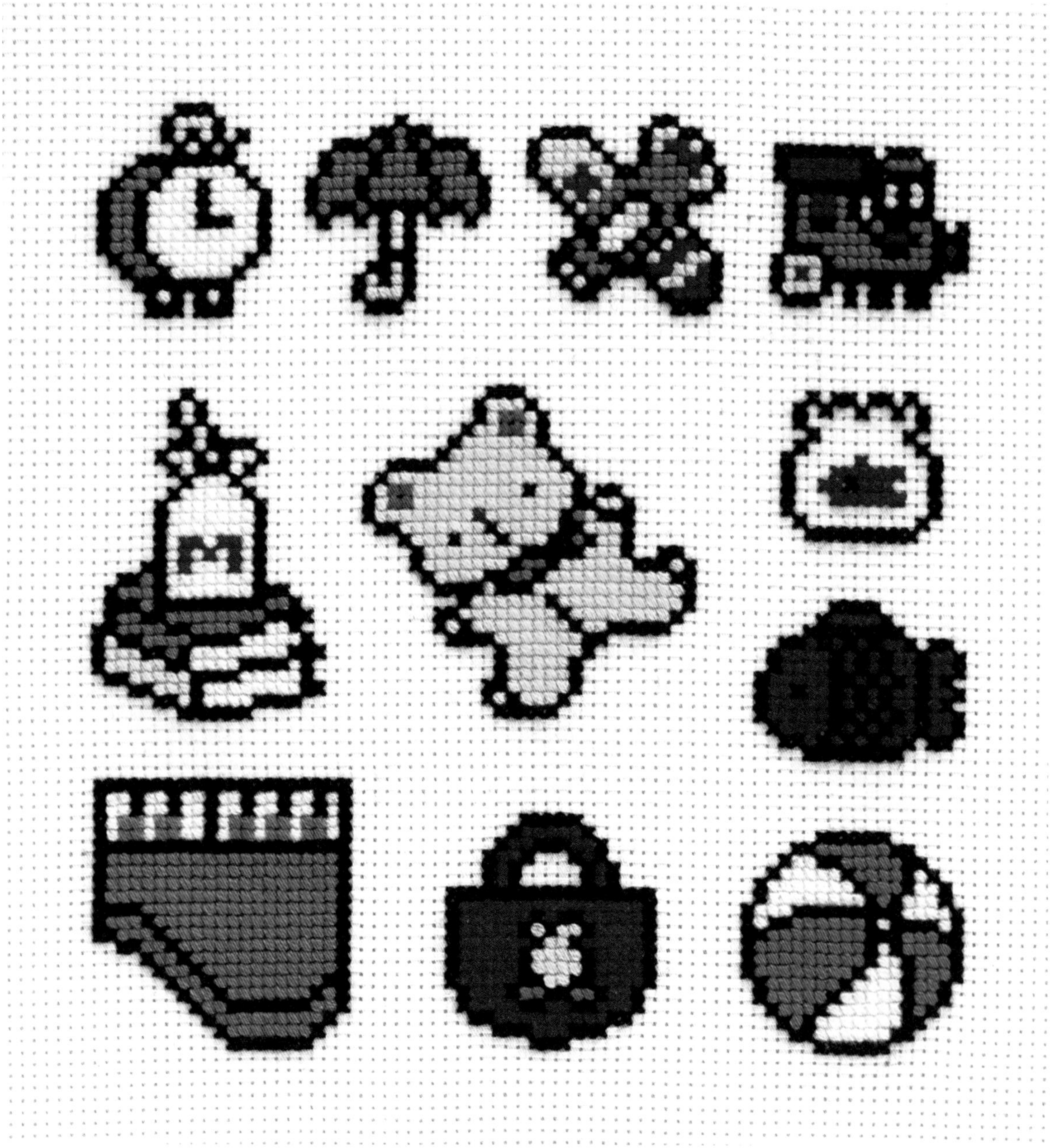

できあがりサイズ：w約13cm×h約14cm
総カウント数：2374ct（71w×77h）
色の数：７色
使用布：コスモジャバクロス55（ホワイト）14ct
使用糸：コスモ25番刺繍糸（３本どり）

100	(283 ct)
275	(7 ct)
301	(350 ct)
415A	(486 ct)
426	(8 ct)
600	(971 ct)
800	(269 ct)

HELLO KITTY

012

モノグラム

できあがりサイズ：w約13㎝×h約14㎝
総カウント数：1086ct（71w×77h）
色の数：２色
使用布：DMCリネン（B5200）28ct
使用糸：コスモ25番刺繍糸（３本どり）
※連続模様なので、好きな大きさにできます。

600 (919 ct)
800 (167 ct)

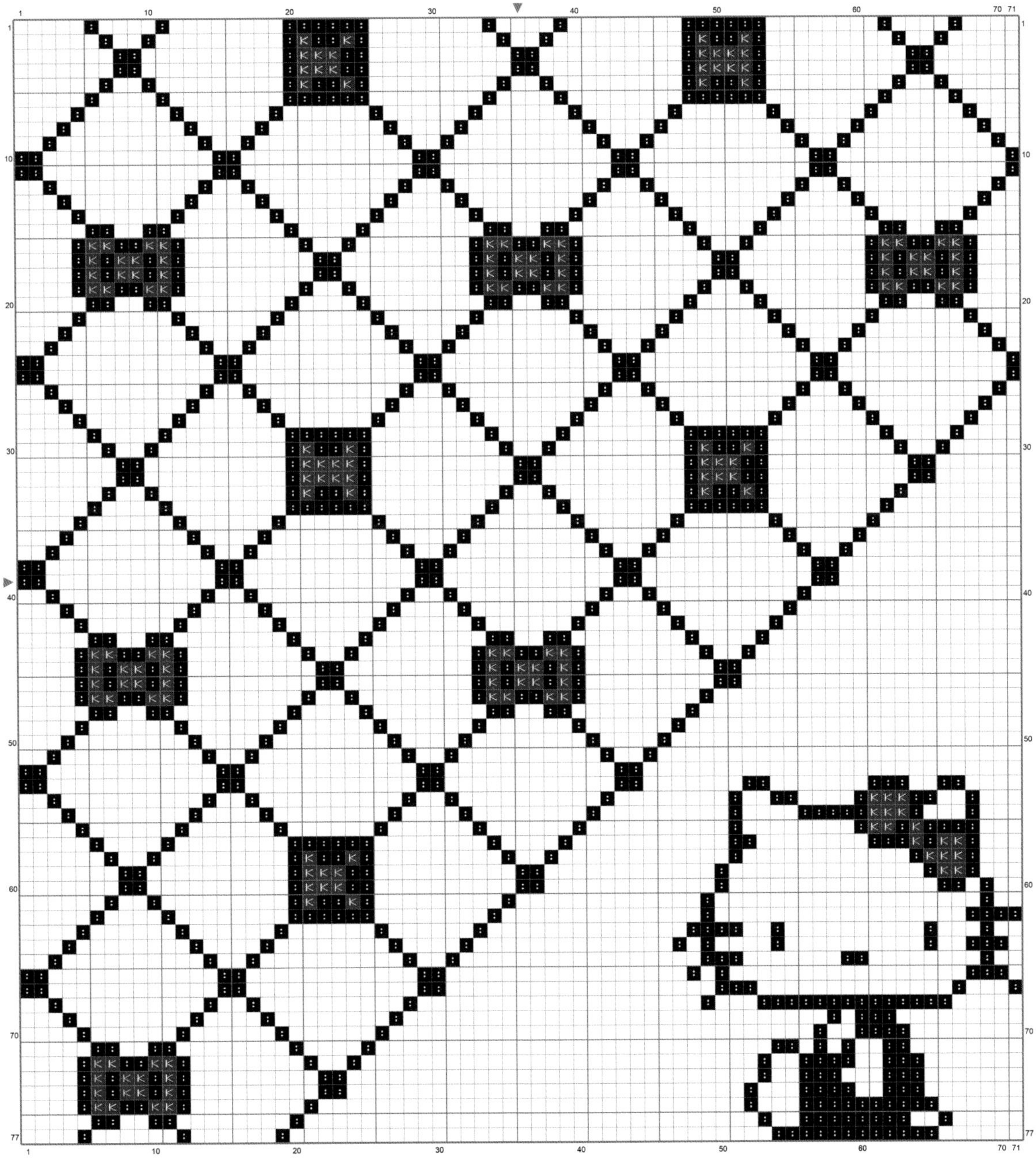

HELLO KITTY

013

りんご5個分

できあがりサイズ：w約13cm×h約14cm
総カウント数：1604ct（71w×77h）
色の数：６色
使用布：DMCリネン（3865）28ct
使用糸：コスモ25番刺繍糸（３本どり）

100	(450 ct)
275	(64 ct)
302	(20 ct)
415A	(103 ct)
600	(622 ct)
800	(345 ct)

HELLO KITTY

014

おもちゃ

できあがりサイズ：w約13cm×h約14cm
総カウント数：2403ct（81w×87h）
色の数：９色
使用布：コスモジャバクロス65（アイボリー）16ct
使用糸：コスモ25番刺繍糸（２本どり）

100	(510 ct)
275	(106 ct)
301	(479 ct)
341	(25 ct)
415A	(11 ct)
426	(2 ct)
600	(956 ct)
704	(57 ct)
800	(257 ct)

HELLO KITTY

015

アルファベット・1

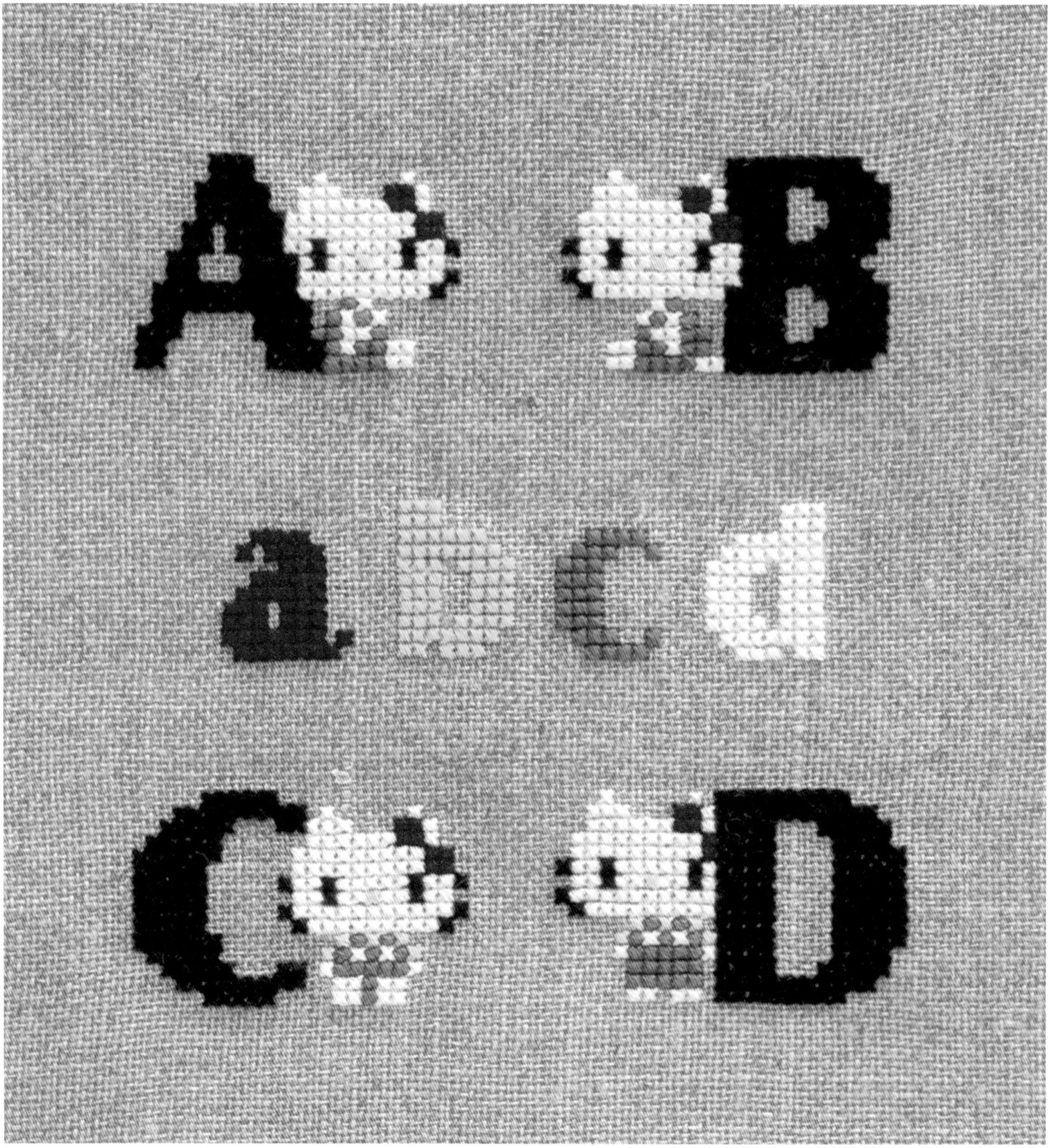

できあがりサイズ：w約９cm×h約10cm
総カウント数：1101ct（53w×59h）
色の数：５色
使用布：DMCリネン（3782）28ct
使用糸：コスモ25番刺繍糸（３本どり）

•	100	(373 ct)
○	302	(77 ct)
0	415A	(90 ct)
:	600	(481 ct)
K	800	(80 ct)

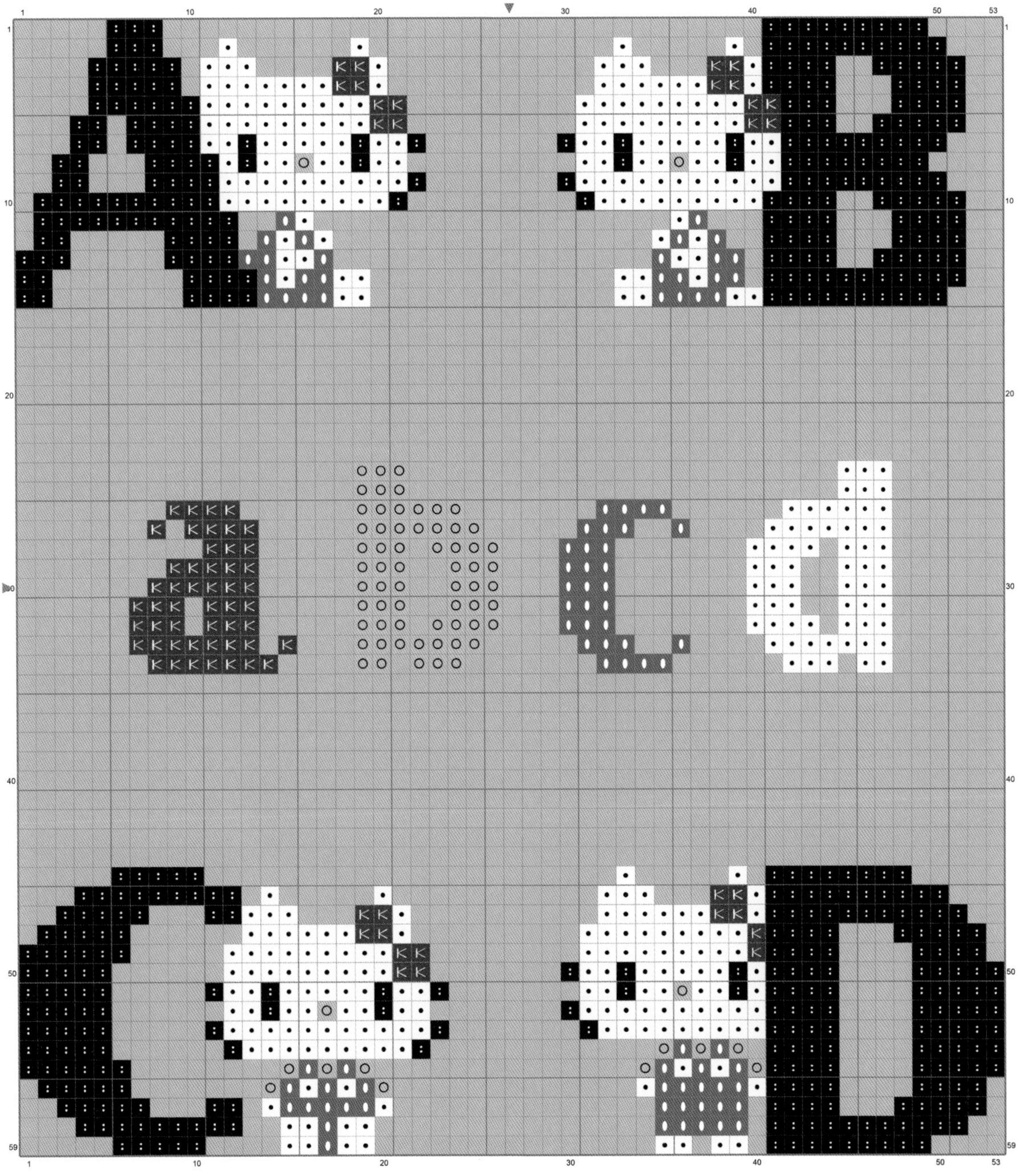

HELLO KITTY

016

アルファベット・2

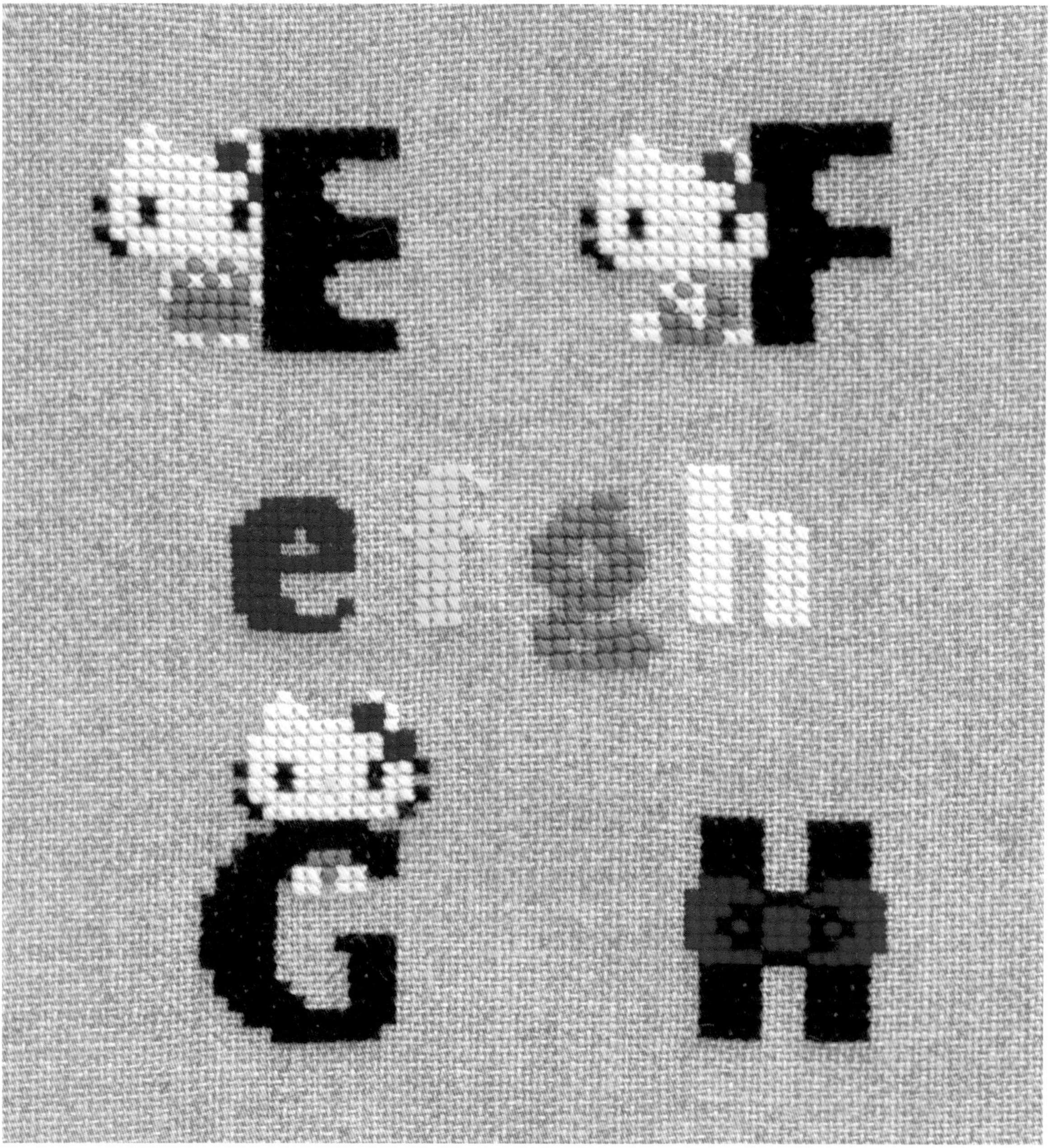

できあがりサイズ：w約10cm×h約11cm
総カウント数：945ct（52w×62h）
色の数：５色
使用布：DMCリネン（3782）28ct
使用糸：コスモ25番刺繍糸（３本どり）

100	(288 ct)
302	(45 ct)
415A	(93 ct)
600	(397 ct)
800	(122 ct)

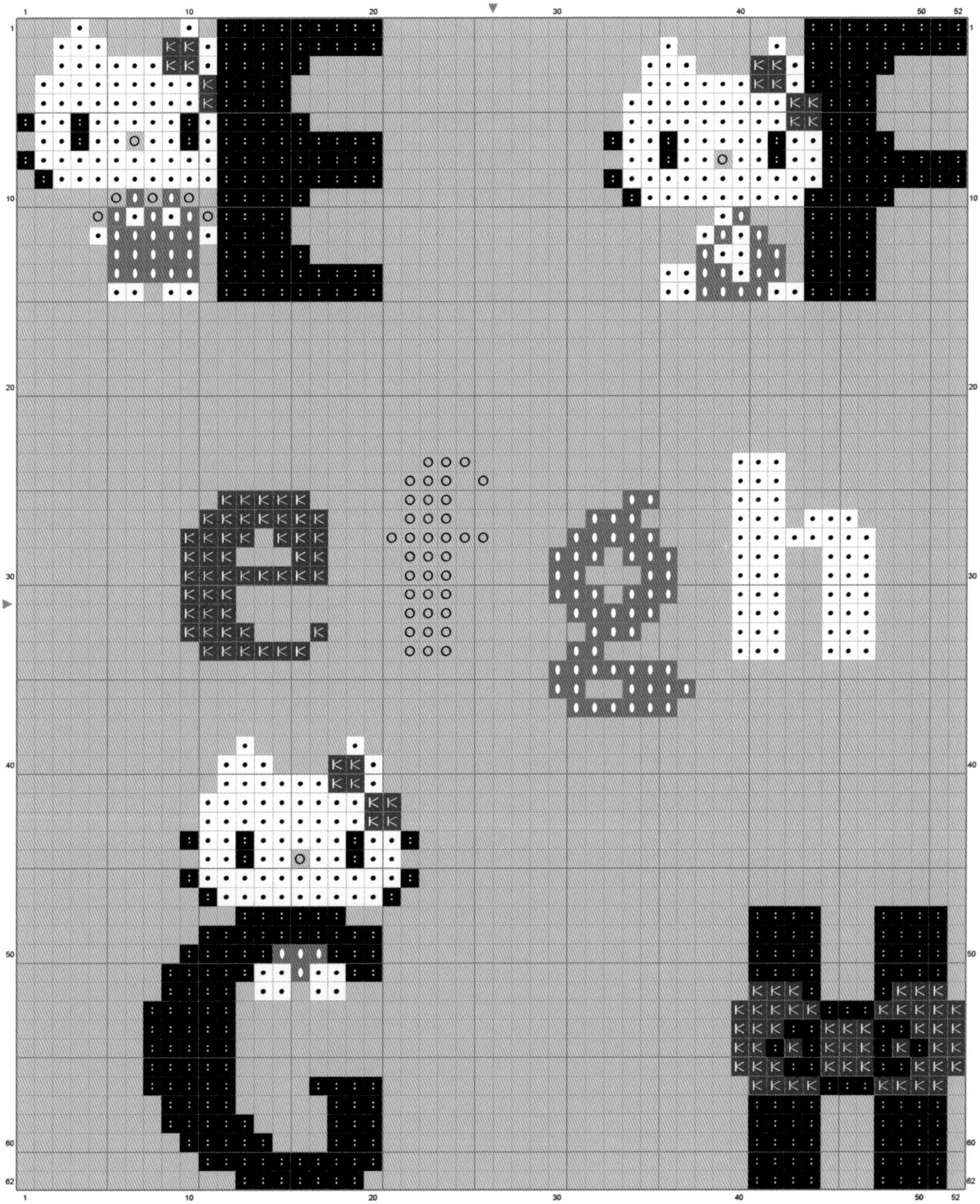

HELLO KITTY

017

アルファベット・3

できあがりサイズ：w約10cm×h約10cm
総カウント数：914ct（55w×59h）
色の数：５色
使用布：DMCリネン（3782）28ct
使用糸：コスモ25番刺繍糸（３本どり）

100	(334 ct)
302	(54 ct)
415A	(124 ct)
600	(350 ct)
800	(52 ct)

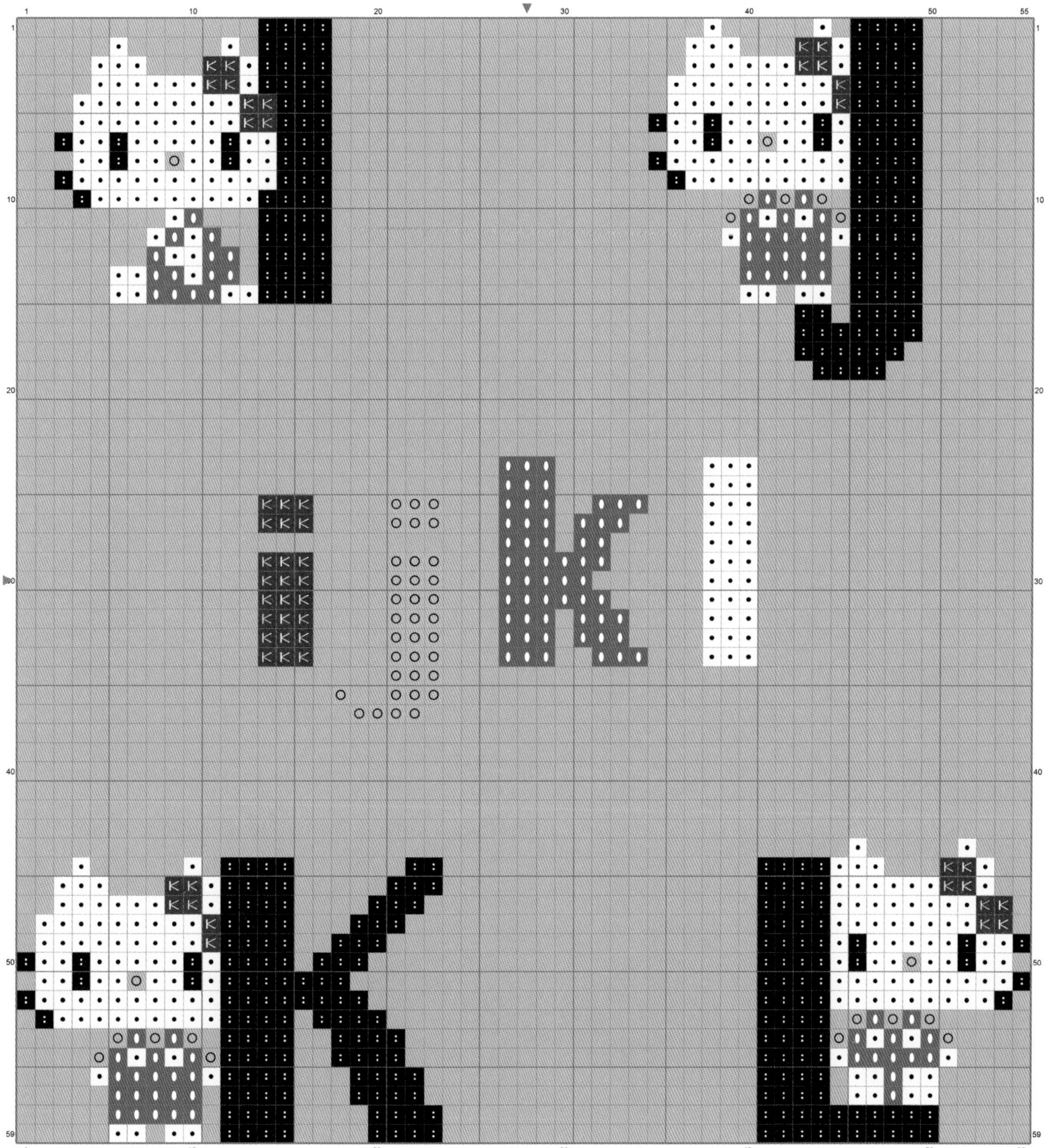

HELLO KITTY

018

アルファベット・4

できあがりサイズ：w約９㎝×h約11㎝
総カウント数：1166ct（50w×67h）
色の数：５色
使用布：DMCリネン（3782）28ct
使用糸：コスモ25番刺繍糸（３本どり）

100	(356 ct)
302	(74 ct)
415A	(113 ct)
600	(509 ct)
800	(114 ct)

HELLO KITTY

019

アルファベット・5

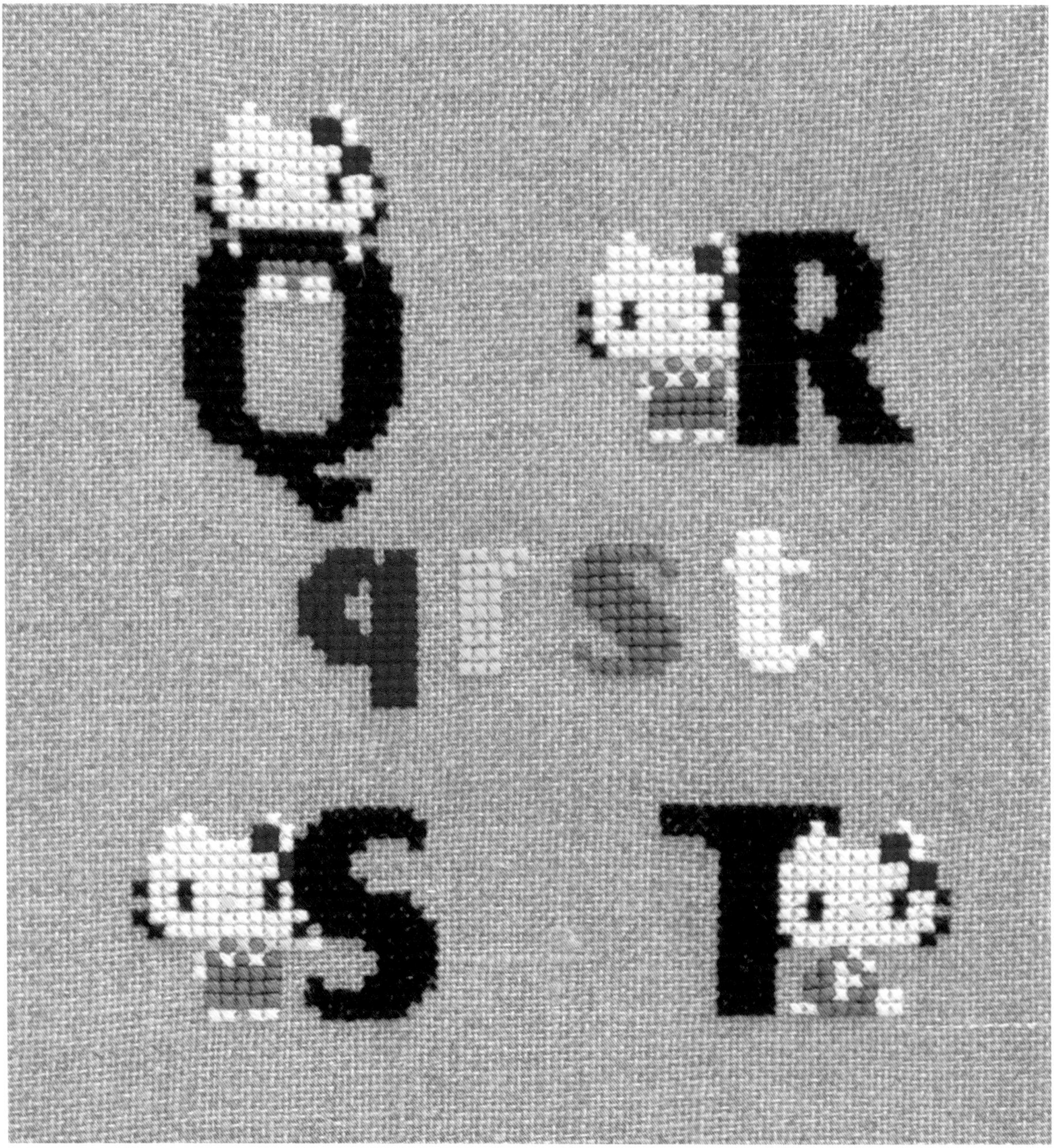

できあがりサイズ：w約10cm×h約11cm
総カウント数：1038ct（56w×64h）
色の数：５色
使用布：DMCリネン（3782）28ct
使用糸：コスモ25番刺繍糸（３本どり）

•	100	(341 ct)
O	302	(44 ct)
	415A	(101 ct)
	600	(464 ct)
K	800	(88 ct)

HELLO KITTY

020

アルファベット・6

できあがりサイズ：w約10cm×h約11cm
総カウント数：861ct（57w×62h）
色の数：６色
使用布：DMCリネン（3782）28ct
使用糸：コスモ25番刺繍糸（３本どり）

•	100	(224 ct)
\	275	(11 ct)
O	302	(48 ct)
◊	415A	(119 ct)
:	600	(357 ct)
K	800	(102 ct)

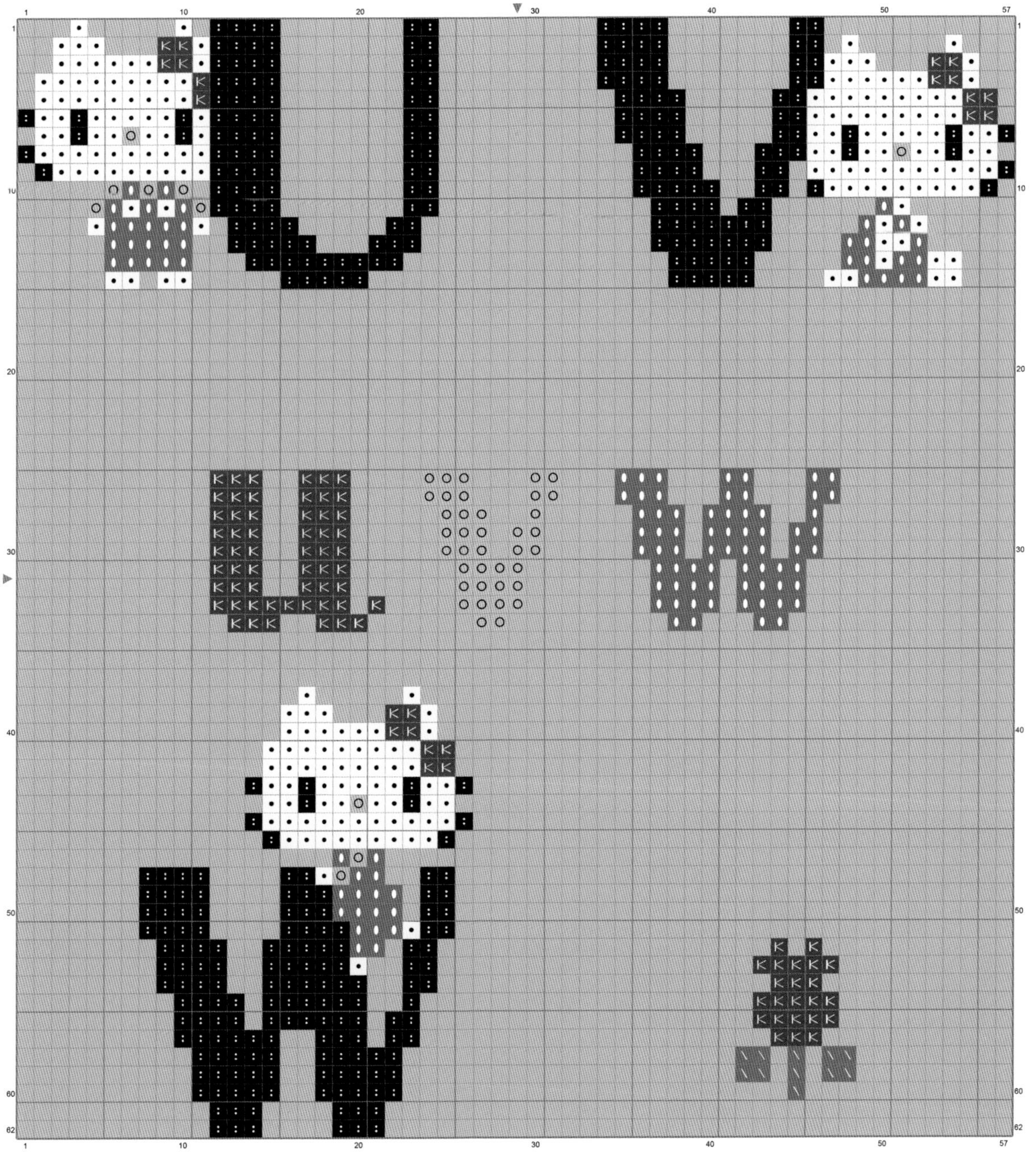

HELLO KITTY

021

アルファベット・7

できあがりサイズ：w約９㎝×h約11㎝
総カウント数：1020ct（52w×63h）
色の数：７色
使用布：DMCリネン（3782）28ct
使用糸：コスモ25番刺繍糸（３本どり）
※ハローキティの部分をパティ＆ジミーに
　好みで置き換えてください。

•	100	(260 ct)
○	302	(190 ct)
┘	341	(72 ct)
◯	415A	(123 ct)
:	600	(274 ct)
F	704	(4 ct)
K	800	(97 ct)

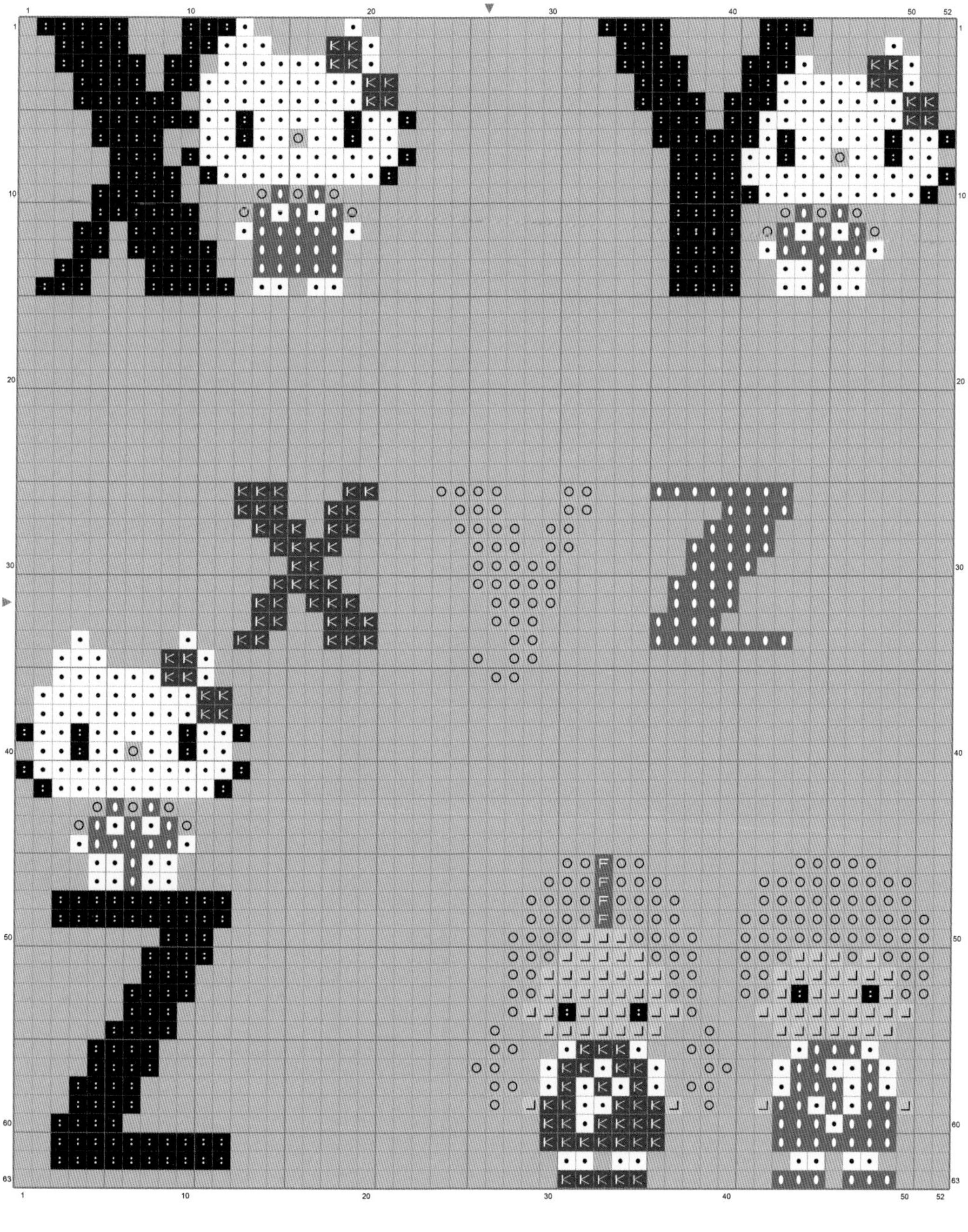

HELLO KITTY

022

ネームタグ

できあがりサイズ：w約13cm×h約14cm
総カウント数：1426ct（71w×77h）
色の数：６色
使用布：DMCリネン（842）28ct
使用糸：コスモ25番刺繍糸（３本どり）
※名前はバックステッチやストレートステッチで刺繍をしたり（写真は２本どり）、ペンなどで直接書いてください。
　枠は名前に合わせて幅を自由に変えてください。

•	100	(305 ct)
＼	275	(15 ct)
○	302	(196 ct)
◖	415A	(144 ct)
■	600	(481 ct)
K	800	(285 ct)

バックステッチまたはストレートステッチ
600

HELLO KITTY

023

お裁縫道具

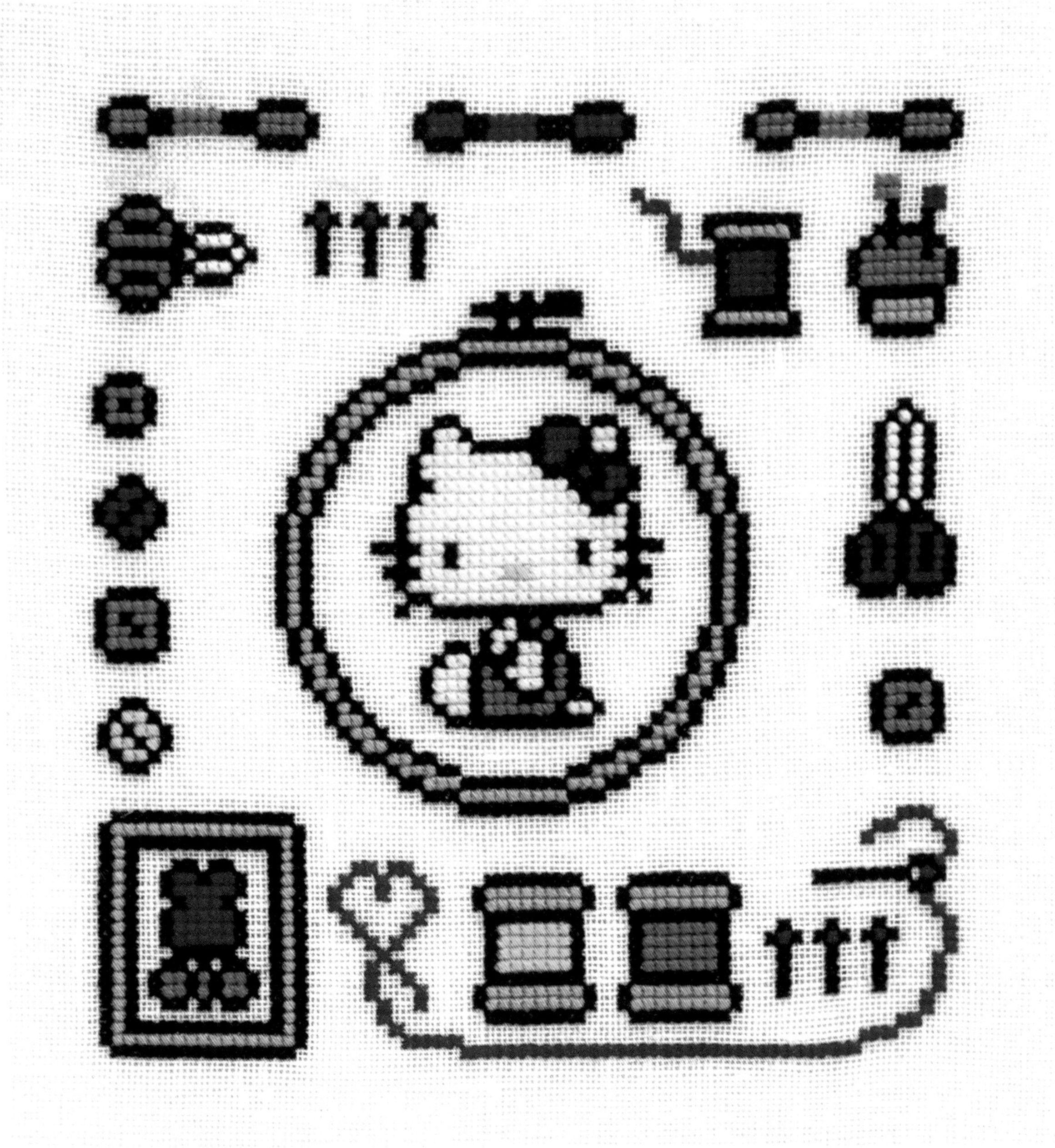

できあがりサイズ：w約13cm×h約14cm
総カウント数：1957ct（71w×77h）
色の数：7色
使用布：DMCリネン（B5200）28ct
使用糸：コスモ25番刺繡糸（3本どり）

100	(230 ct)
275	(89 ct)
302	(36 ct)
415A	(91 ct)
600	(1011 ct)
800	(224 ct)
2702	(276 ct)

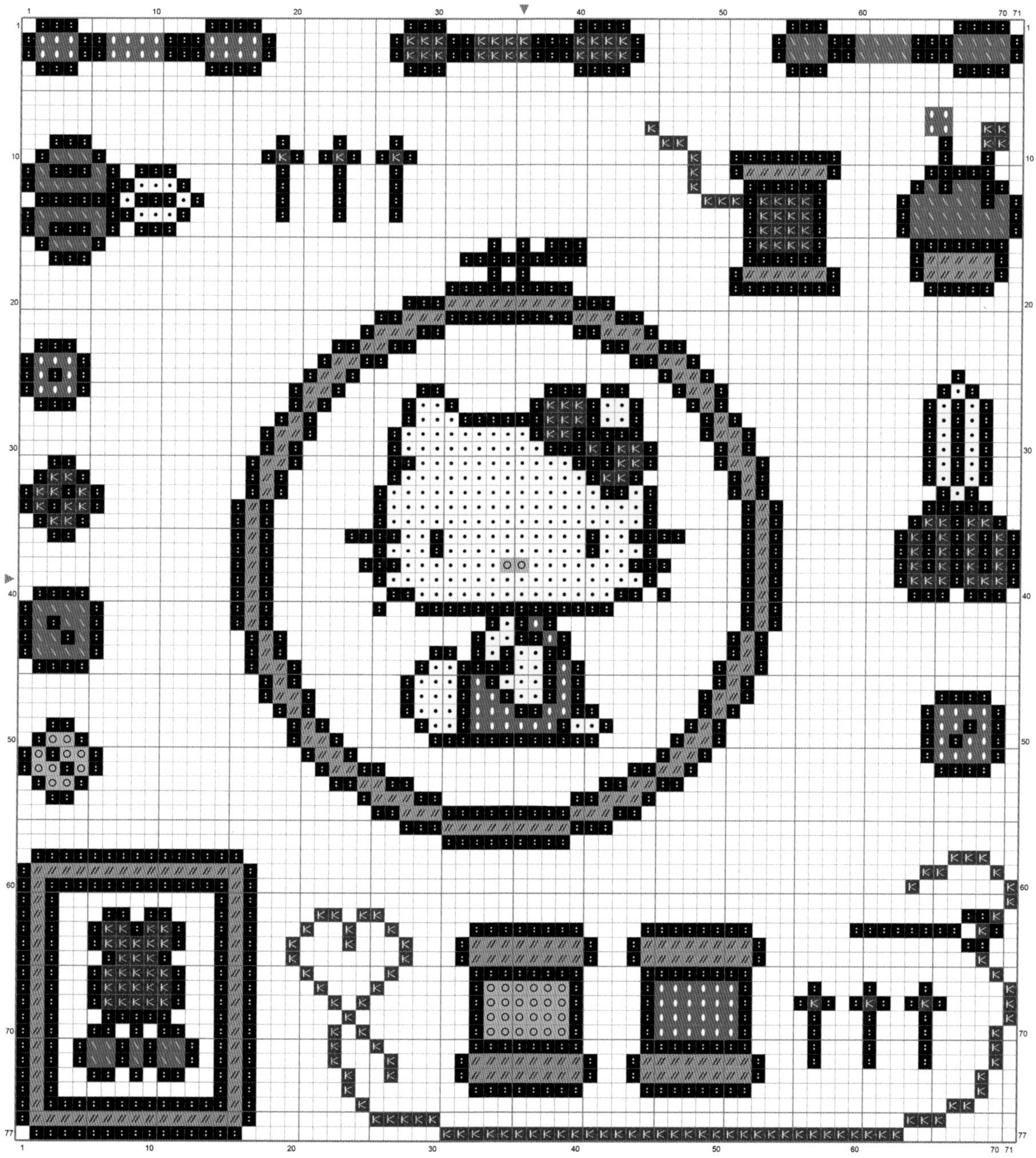

PATTY&JIMMY

001

MY NAME IS

できあがりサイズ：w約13cm×h約14cm
総カウント数：2760ct（81w×87h）
色の数：６色
使用布：コスモジャバクロス65（ホワイト）16ct
使用糸：コスモ25番刺繍糸（２本どり）
※バックステッチまたはストレートステッチは２本どり
　フレンチノットステッチは２本どり１回巻き

•	100	(157 ct)
⊟	301	(451 ct)
┘	341	(384 ct)
▼	798	(632 ct)
#	2214	(258 ct)
▪	2311	(764 ct)

バックステッチまたは
ストレートステッチ
↳ 2311
フレンチノットステッチ
• 2311

PATTY&JIMMY

002

スクールライフ

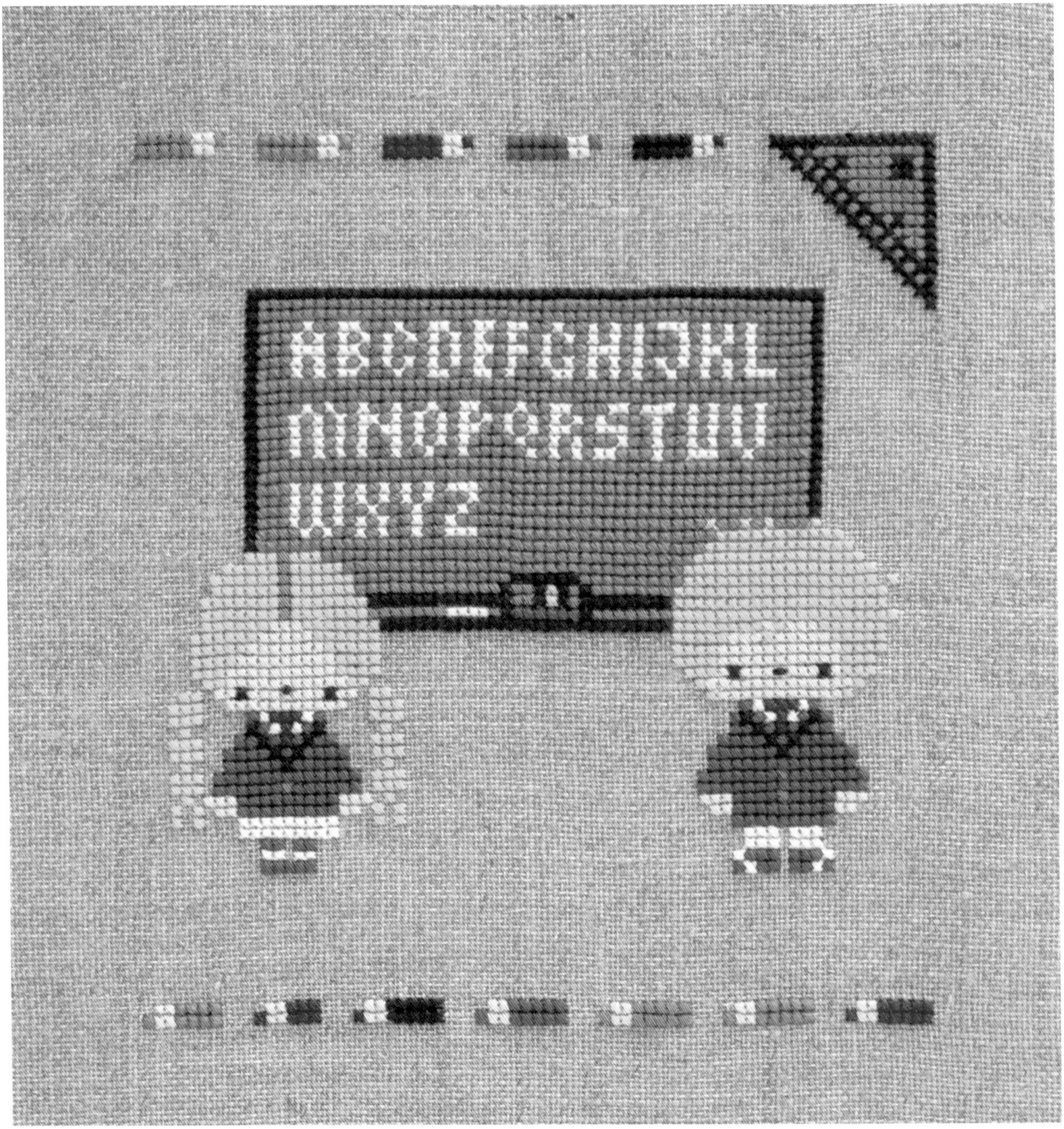

できあがりサイズ：w約13cm×h約14cm
総カウント数：2438ct（71w×77h）
色の数：８色
使用布：DMCリネン（842）28ct
使用糸：コスモ25番刺繍糸（３本どり）
※ストレートステッチは３本どり
　フレンチノットステッチは３本どり１回巻き

•	100	(285 ct)
I	147	(113 ct)
O	302	(365 ct)
U	326	(960 ct)
┘	341	(202 ct)
K	798	(39 ct)
#	2214	(222 ct)
••	2311	(252 ct)

ストレートステッチ
フレンチノットステッチ
ㄣ ・2311

PATTY&JIMMY

003

KISS ♡ SUKI

できあがりサイズ：w約13cm×h約14cm
総カウント数：2148ct（71w×77h）
色の数：７色
使用布：コスモジャバクロス55（ホワイト）14ct
使用糸：コスモ25番刺繡糸（３本どり）

100	(155 ct)
301	(710 ct)
341	(243 ct)
354	(50 ct)
798	(357 ct)
2214	(151 ct)
2311	(482 ct)

PATTY&JIMMY

004

ガムボールマシーン

できあがりサイズ：w約30cm×h約32cm
総カウント数：2404ct（81w×87h）
色の数：７色
使用布：Tシャツにコスモ抜きキャンバス（14ctを２目×２目で使用）
使用糸：コスモ25番刺繍糸（６本どり）
※上下の模様は好みで入れてください。

•	100	(245 ct)
\	275	(70 ct)
日	301	(165 ct)
┘	341	(138 ct)
▼	798	(494 ct)
#	2214	(212 ct)
••	2311	(1080 ct)

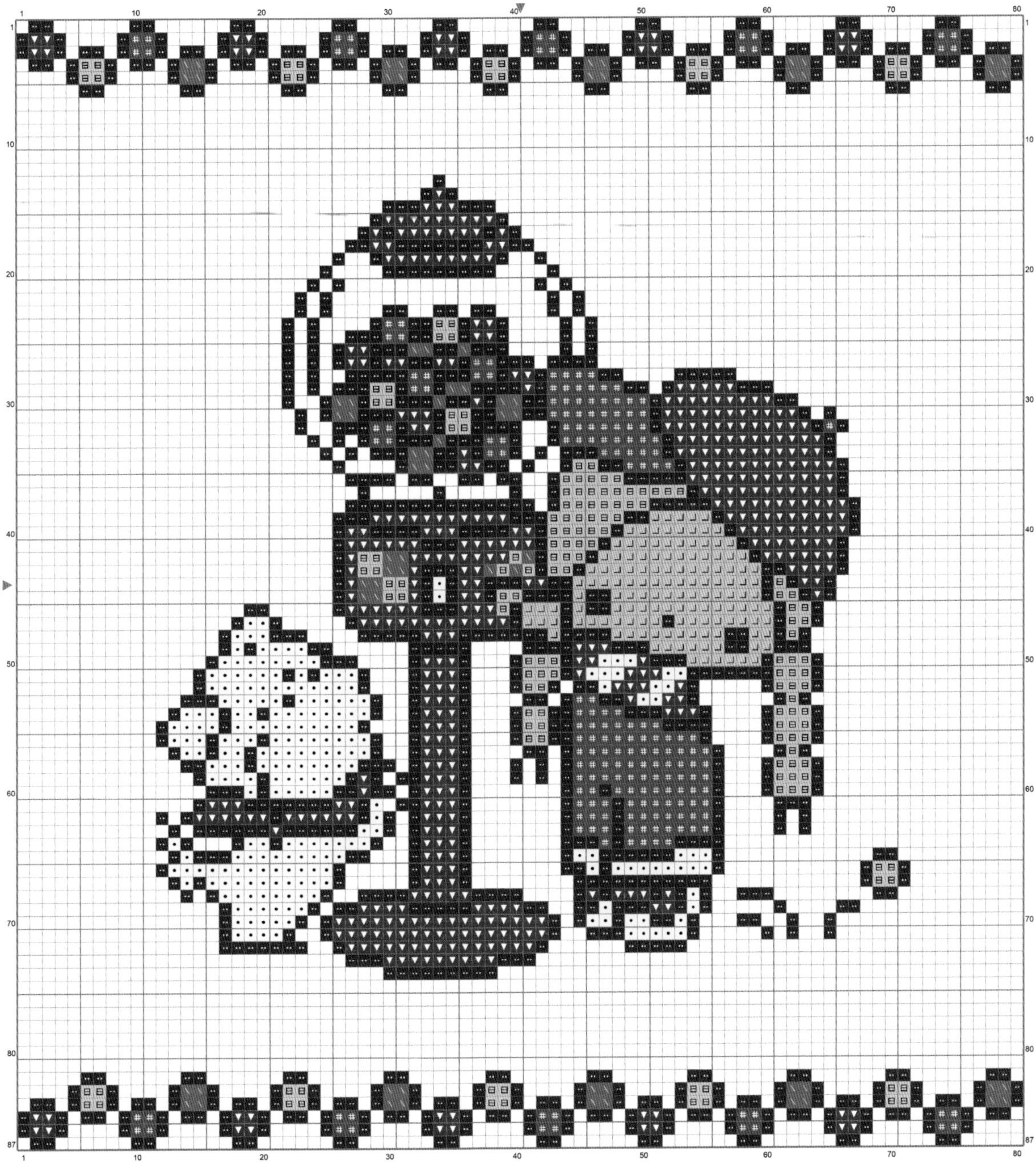

PATTY&JIMMY

005

Yummy!

できあがりサイズ：w約13㎝×h約14㎝
総カウント数：1885ct（71w×77h）
色の数：９色
使用布：コスモジャバクロス55（ホワイト）14ct
使用糸：コスモ25番刺繍糸（３本どり）

•	100	(72 ct)
工	147	(12 ct)
＼	275	(102 ct)
⊟	301	(256 ct)
◎	412	(99 ct)
+	499	(132 ct)
▼	798	(304 ct)
#	2214	(66 ct)
••	2311	(842 ct)

PATTY&JIMMY

006

風船のブランコ

できあがりサイズ：w約9㎝×h約13㎝
総カウント数：1643ct（50w×70h）
色の数：8色
使用布：コスモジャバクロス55（サックス）14ct
使用糸：コスモ25番刺繍糸（3本どり）
※ストレートステッチは2本どり
フレンチノットステッチは2本どり1回巻き

•	100	(52 ct)
O	302	(497 ct)
|	326	(186 ct)
┘	341	(152 ct)
F	704	(113 ct)
▼	798	(240 ct)
#	2214	(351 ct)
··	2311	(50 ct)

ストレートステッチ
フレンチノットステッチ
┗ ・2311

PATTY&JIMMY

007

ハートがいっぱい

できあがりサイズ：w約13cm×h約14cm
総カウント数：2604ct（71w×77h）
色の数：６色
使用布：コスモジャバクロス55（ピンク）14ct
使用糸：コスモ25番刺繍糸（３本どり）
※フレンチノットステッチは３本どり１回巻き

•	100	(48 ct)
日	301	(227 ct)
┘	341	(269 ct)
▼	798	(1125 ct)
#	2214	(260 ct)
··	2311	(674 ct)

フレンチノットステッチ

• 2311

PATTY&JIMMY

008

おともだち

できあがりサイズ：w約13cm×h約14cm
総カウント数：3507ct（81w×87h）
色の数：７色
使用布：Zweigart Berfast Summer Khaki 32ct
使用糸：コスモ25番刺繍糸（２本どり）
※フレンチノットステッチは２本どり１回巻き

•	100	(689 ct)
I	147	(17 ct)
O	302	(1046 ct)
┘	341	(478 ct)
▼	798	(665 ct)
#	2214	(576 ct)
••	2311	(35 ct)

フレンチノットステッチ
• 2311

PATTY&JIMMY

009

ハートの小物

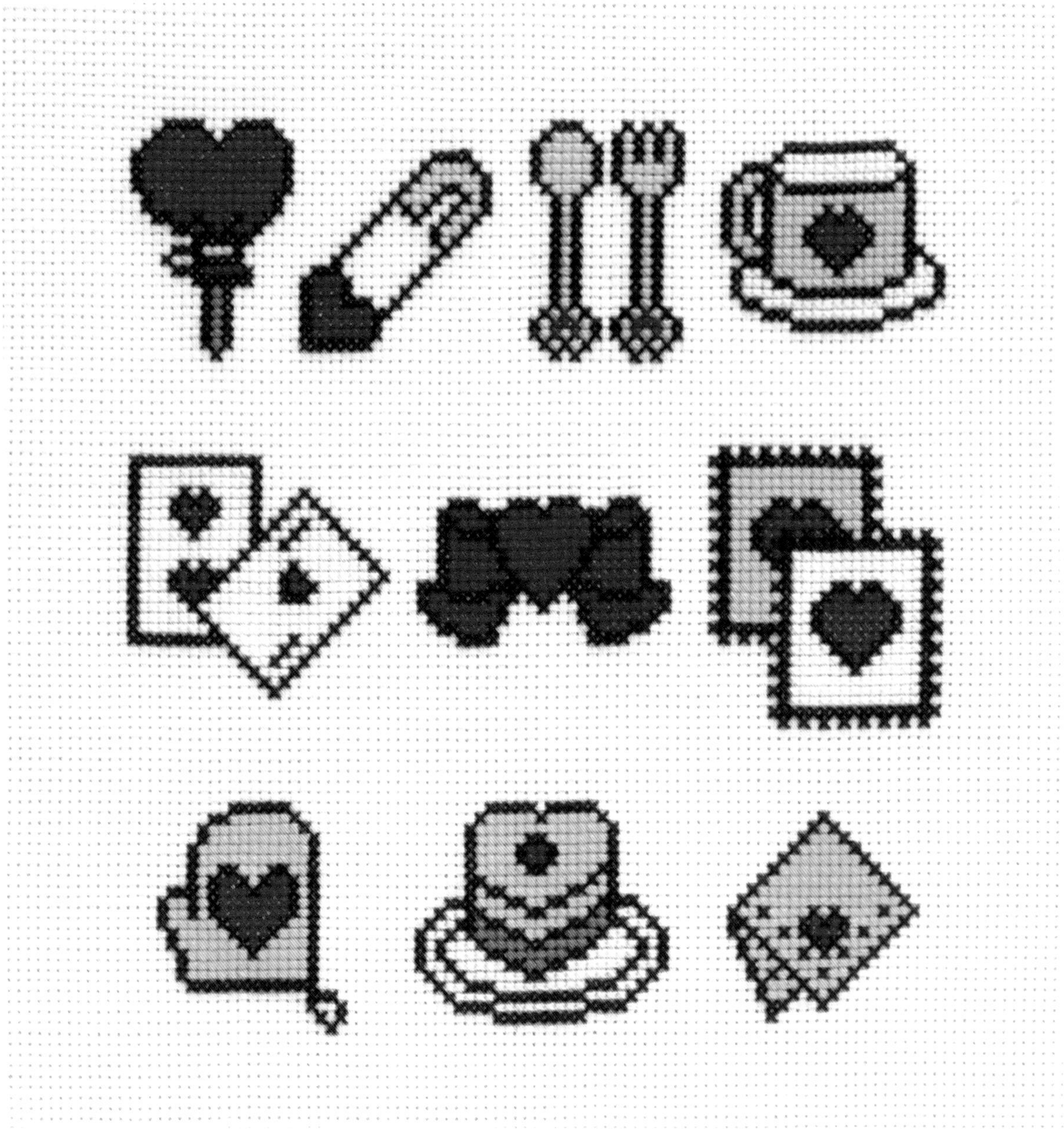

できあがりサイズ：w約13cm×h約14cm
総カウント数：2794ct（81w×87h）
色の数：７色
使用布：コスモジャバクロス65（生成）16ct
使用糸：コスモ25番刺繍糸（２本どり）

•	100	(576 ct)
I	147	(32 ct)
日	301	(5 ct)
◎	412	(115 ct)
+	499	(558 ct)
▼	798	(437 ct)
••	2311	(1071 ct)

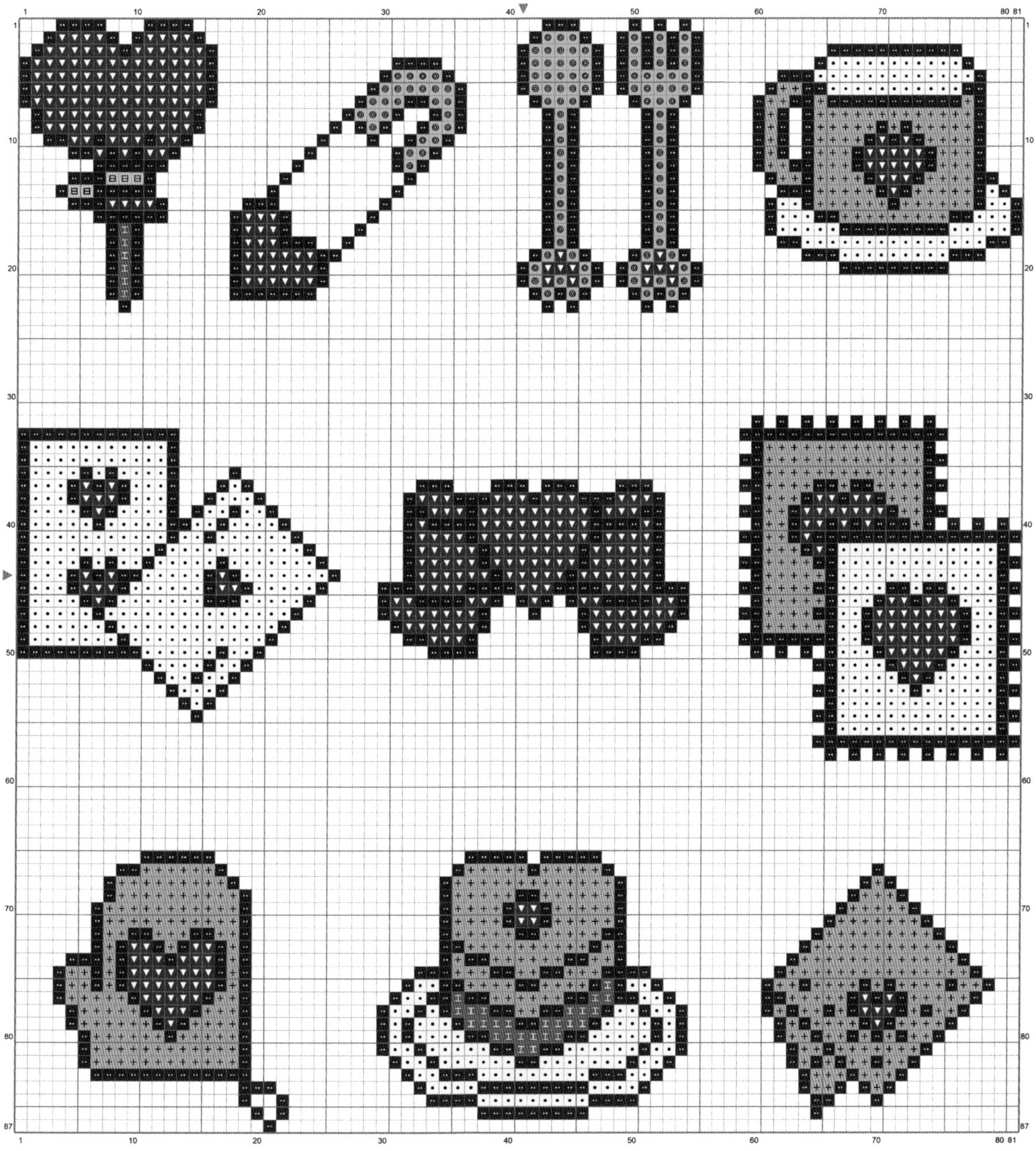

PATTY&JIMMY

010

ラブレター

できあがりサイズ：w約13cm×h約14cm
総カウント数：3288ct（71w×77h）
色の数：８色
使用布：DMCリネン（784）28ct
使用糸：コスモ25番刺繍糸（３本どり）

•	100	(784 ct)
×	147	(17 ct)
⊟	301	(344 ct)
┘	341	(271 ct)
W	354	(80 ct)
▼	798	(484 ct)
#	2214	(193 ct)
••	2311	(1115 ct)

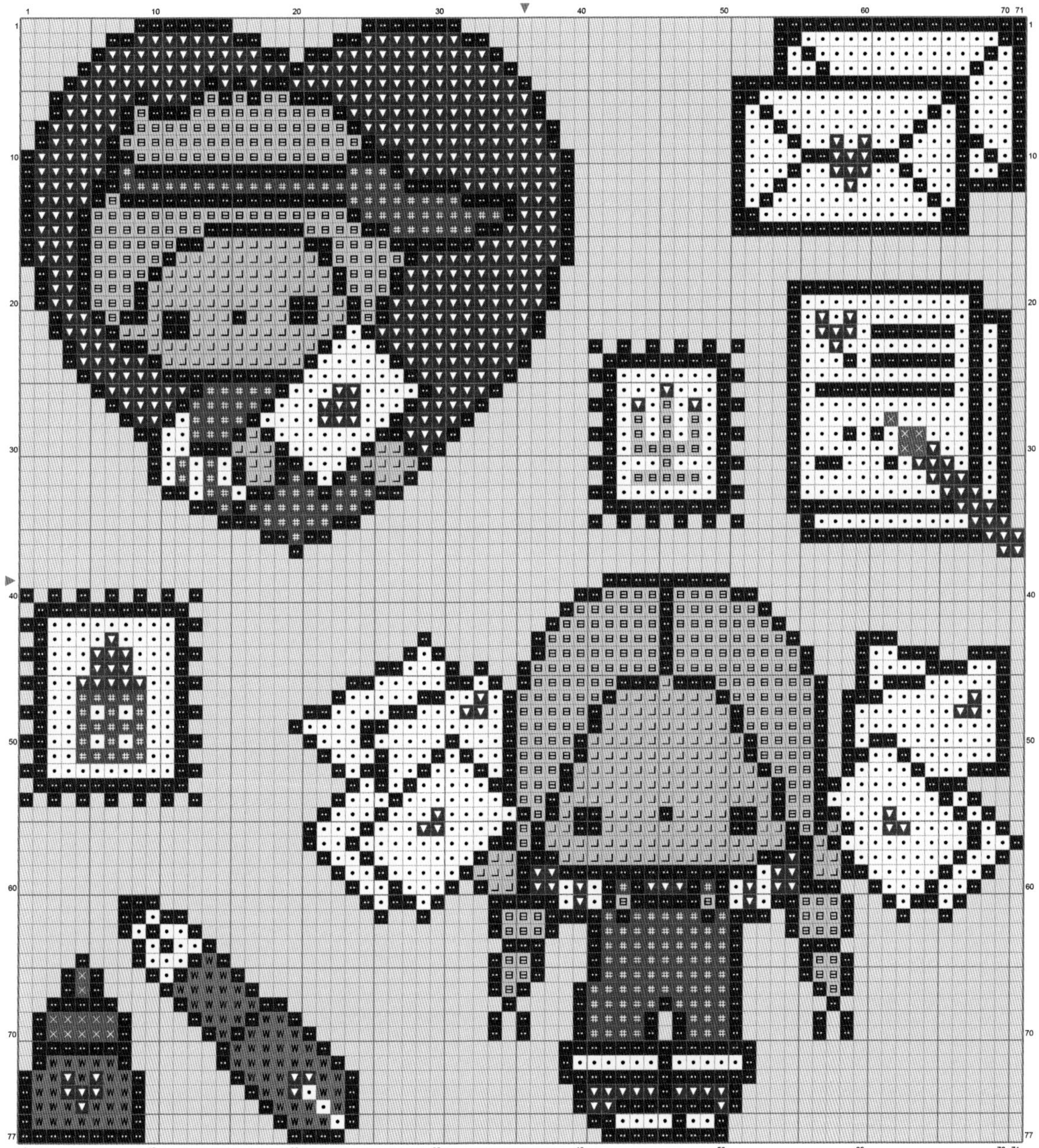

PATTY&JIMMY

011

パティとジミーの切手

できあがりサイズ：w約13cm×h約14cm
総カウント数：1773ct（71w×77h）
色の数：９色
使用布：コスモジャバクロス55（オフホワイト）14ct
使用糸：コスモ25番刺繍糸（３本どり）
※ストレートステッチは２本どり
　フレンチノットステッチは２本どり１回巻き

•	100	(59 ct)
＼	275	(176 ct)
O	302	(429 ct)
⌋	341	(131 ct)
◎	412	(50 ct)
F	704	(97 ct)
▼	798	(260 ct)
#	2214	(272 ct)
••	2311	(297 ct)

ストレートステッチ
フレンチノットステッチ
↳ ・2311

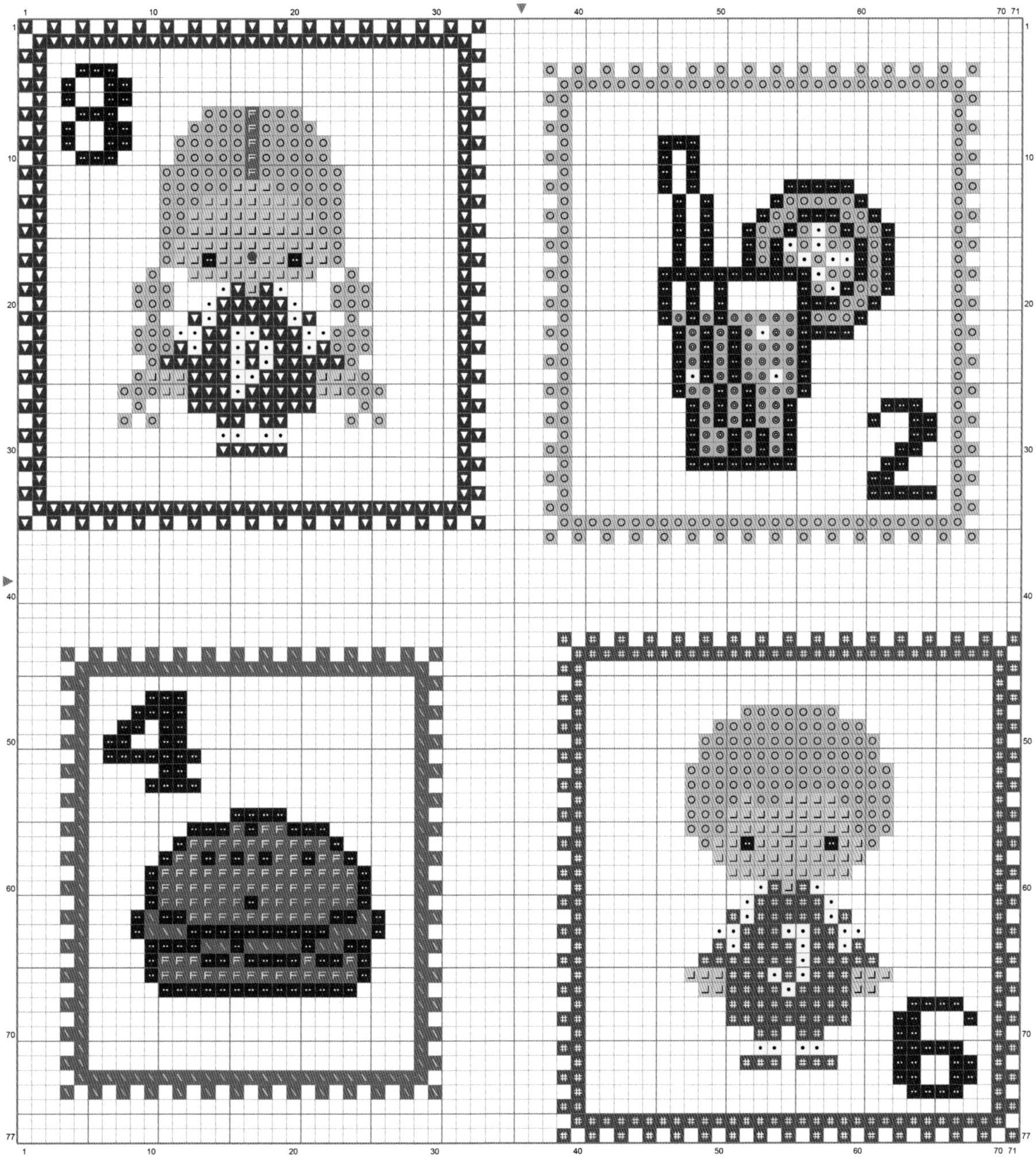

PATTY&JIMMY

012

WE LOVE CROSS STITCH

できあがりサイズ：w約12㎝×h約13㎝
総カウント数：1966ct（67w×69h）
色の数：７色
使用布：DMCリネン（B5200）28ct
使用糸：コスモ25番刺繍糸（３本どり）
フレンチノットステッチは２本どり１回巻き

•	100	(312 ct)
エ	147	(73 ct)
日	301	(307 ct)
┘	341	(215 ct)
▼	798	(439 ct)
#	2214	(110 ct)
··	2311	(509 ct)

フレンチノットステッチ
・ 2311

Cross-stitch

クロスステッチの基礎

シンプルな技法ですが、きれいに刺すにはコツがあります。
ここでは基礎的なことを解説します。

針

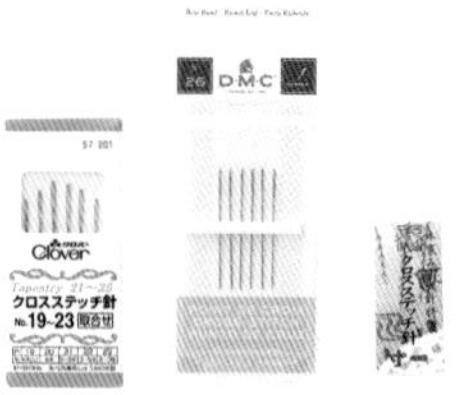

クロスステッチ専用針を使います。先が丸いので、刺した糸や布の織り糸を割らずにスムーズです。2~3本どりには24~28番がおすすめ。

刺繍枠

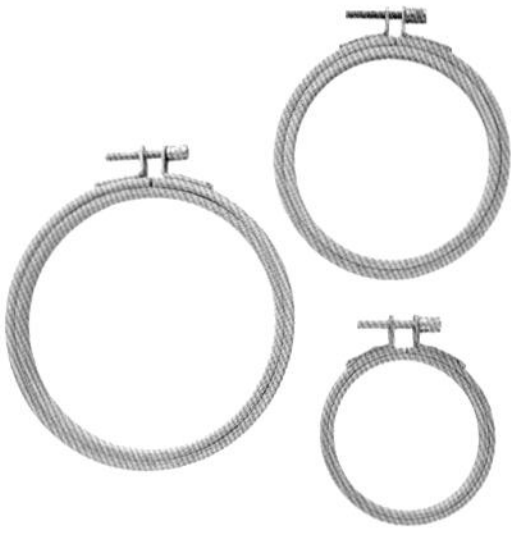

いろいろな大きさがありますが、スタンドを使わず手で持つ場合は、8~12cmの小さめの方が疲れません。

布

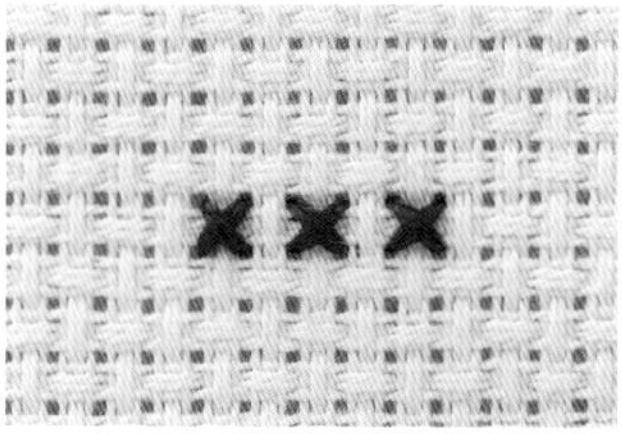

ジャバクロス、アイーダなどの種類があるクロスステッチ専用布。格子状になっていて目を拾いやすいので初心者にはおすすめ。

平織りのリネン。本書では織り糸2本×2本を1目と数えて刺しています。織り糸が太かったり細かったりしても、必ず1目分の織り糸の本数は守りましょう。

Point

ct（カウント）

布の説明にあるctとは、1インチ（約2.54cm）の中に、専用布の場合はマス目、リネンの場合は織り糸の本数がいくつあるかを表しています。数字が大きい方が細かい目の布になります。

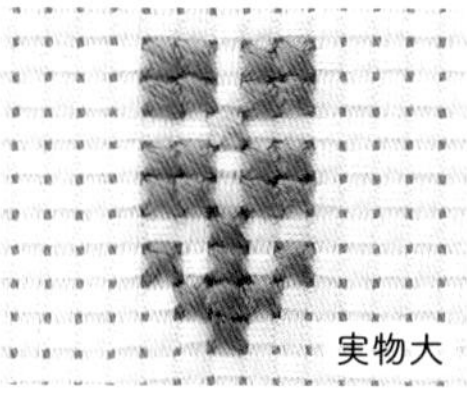

11ct（4本どり）

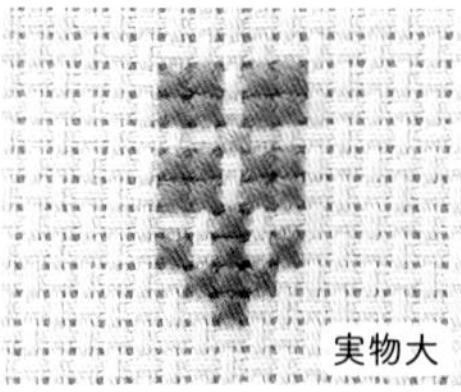

14ct（3本どり）

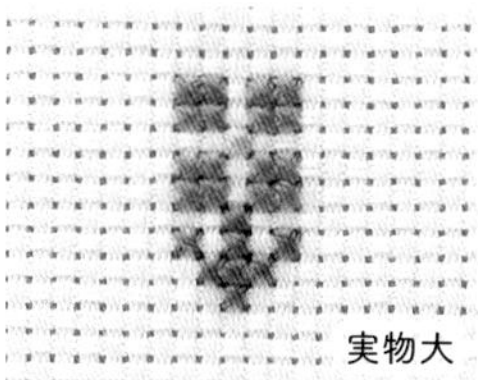

16ct（2本どり）

同じ図案でも、布目の大きさによって仕上がりの大きさが変わります。

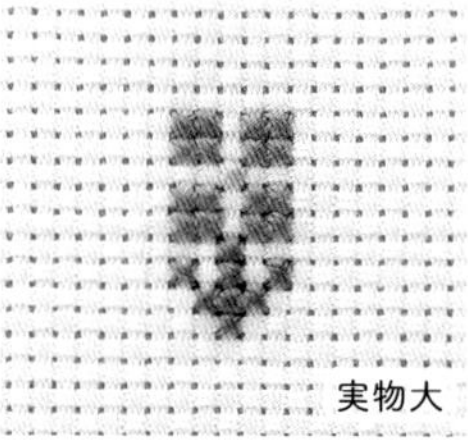

専用布16ct（2本どり）

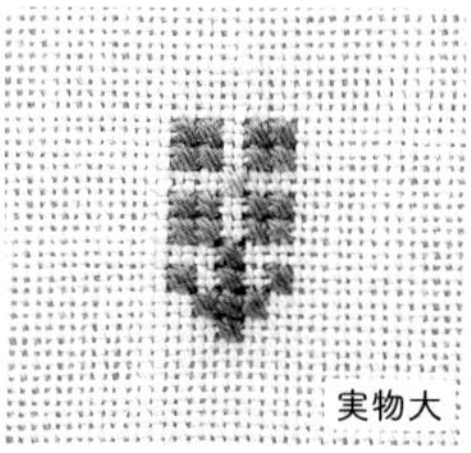

リネン32ct（2本どり）

リネンの織り糸2本を1目に数えて刺すと、クロスステッチ専用布の倍のカウント数になります。つまりリネンの織り糸2本×2本に刺繍した場合、リネン32ctは専用布16ctと同じ大きさに仕上がります。

Point

リネンはほつれやすいため、刺繍を始める前にしつけ糸や余り糸で周囲をかがっておいてもよいでしょう。

刺繍糸の通し方

①25番刺繍糸は6本で1束になっています。まずは1束を取り出し、約45cmにカットします（偶数本どりをループメソッドで刺し始める場合は倍の90cm。P.77参照）。

②使う本数を、1本ずつ引き出します。真ん中でふたつに折って中央から引き出すとからまりにくい（ループメソッドの場合は半分の本数）。

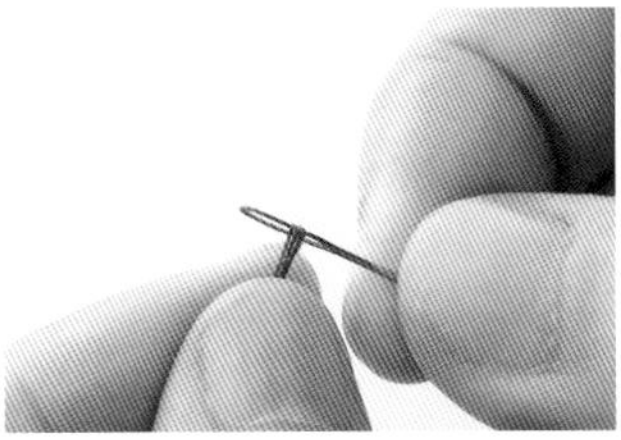

③まず糸の先端を輪にして針のおしりにひっかけて2つに折り、くせをつけます。

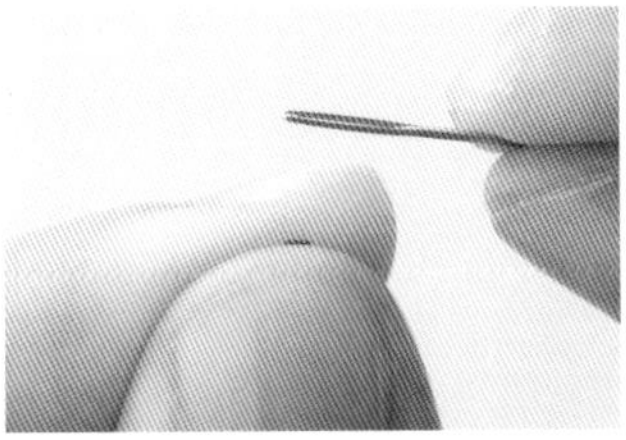

④糸が輪になった部分をしっかりと指でつぶして糸を持ちます。

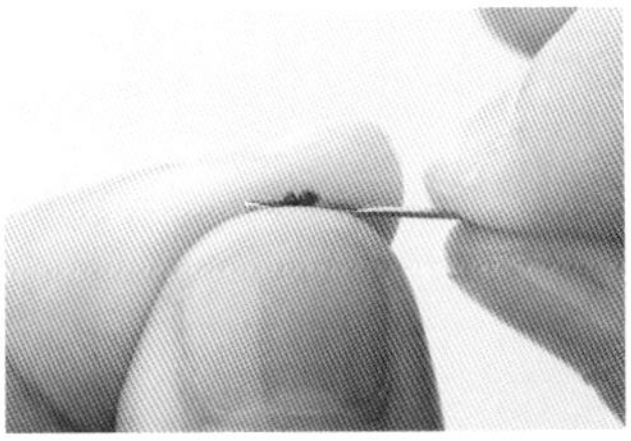

⑤糸は指から出さず、指の間に針を押し込むようにして糸を針の穴に通します。糸を指から出して針に通そうとするのではなく、針で糸を迎えに行くイメージです。

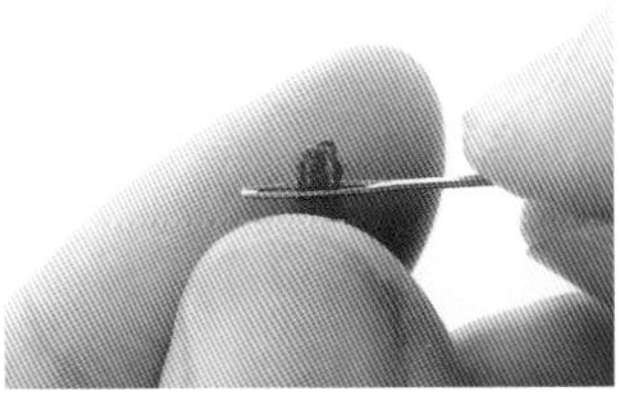

⑥糸が通ったら指先でつまんで引き出します。

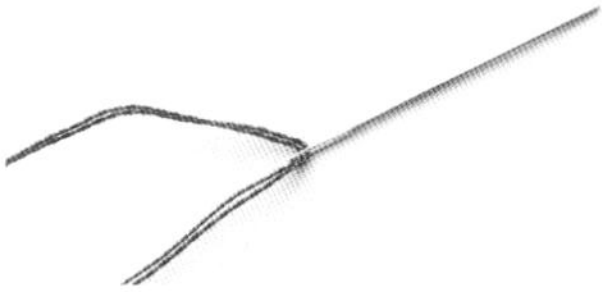

⑦糸が通りました。

刺繍糸の本数

糸の本数は布目の大きさによって適正があります。14〜16ctの布に刺繍する場合は2〜3本どりがよいでしょう。1本どりは繊細で華奢な表現になり、織り糸1本×1本に刺繍する時や、40ct以上の細かいリネンに刺す場合に使います。本数が増えるとボリュームが出るので大きな作品に向いていますが、糸目を揃えるのが難しくなります。

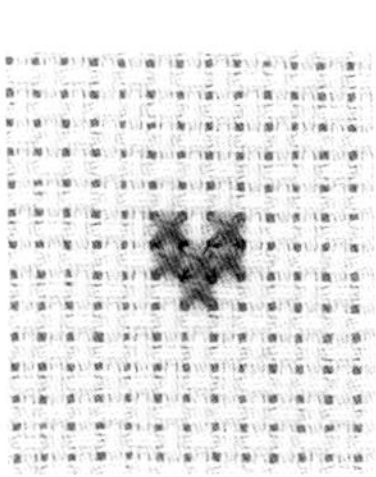

14ct（2本どり）

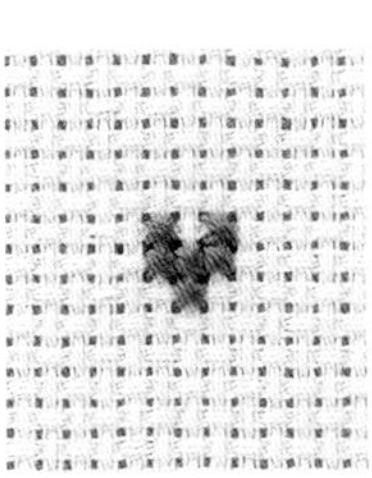

14ct（3本どり）

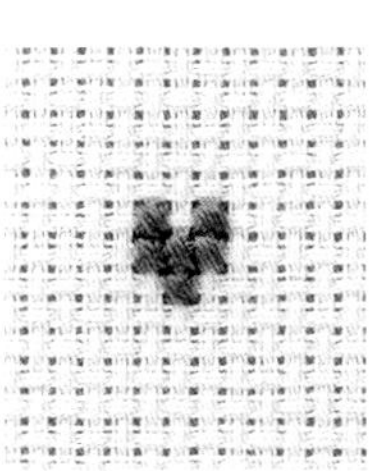

14ct（4本どり）

刺し進め方

目のかけ方は、／が上になる「イギリス式」と、＼が上になる「フランス式」があります（本書はフランス式で統一）。好みや刺しやすさで選んでよいのですが、ひとつの作品の中では、1種類のかけ方で統一させることが大切です。

ひとつ刺す

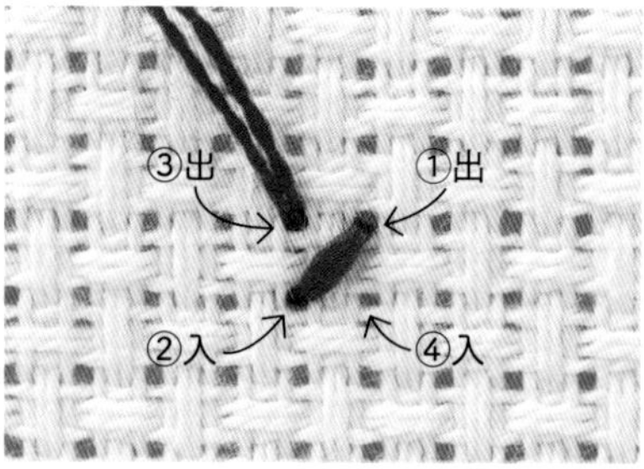

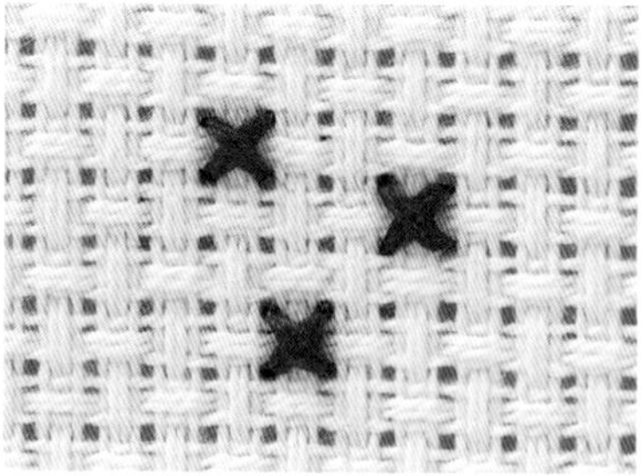

離れた場所に刺す場合は、糸をそのつど処理した方が裏に糸が長く渡らず、また表にも響かないのできれいに仕上がります。1〜2目離れているくらいなら続けてしまっても。

続けて刺す

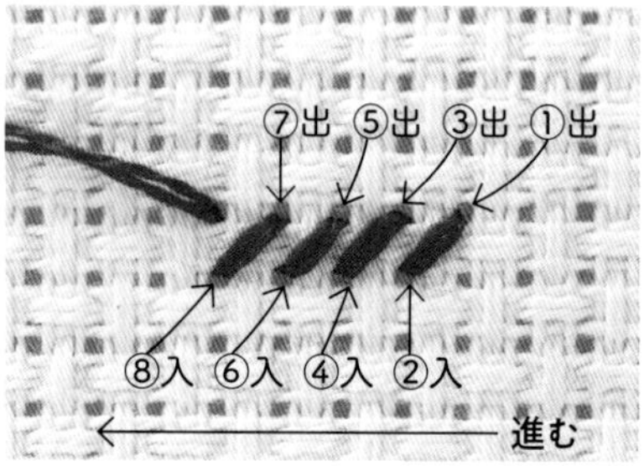

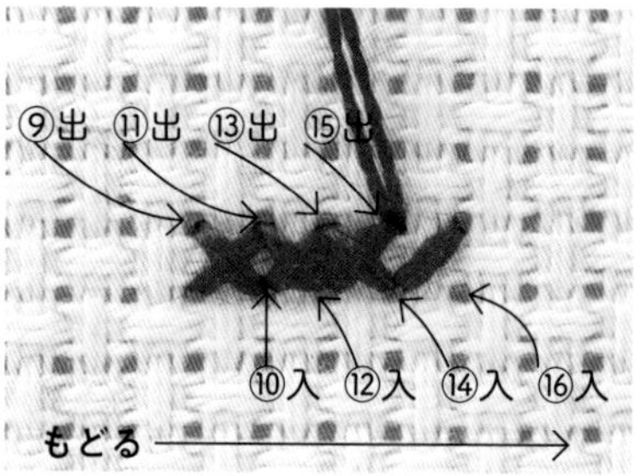

ハーフクロス（クロスの片方だけ）で右から左に刺し進み、左から右にハーフクロスで刺し戻ってきます。

法則を決めて刺す

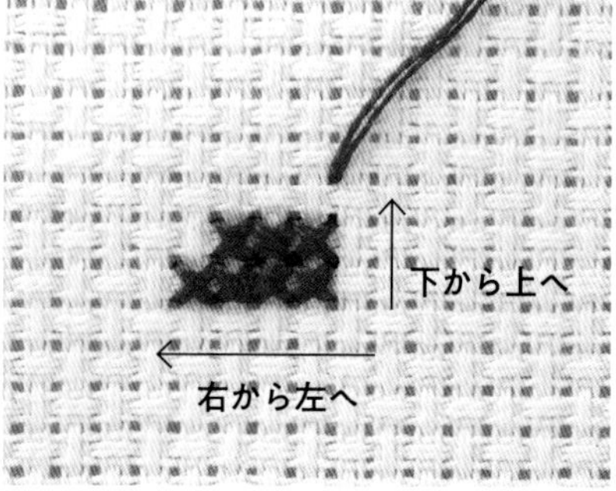

刺し順に決まりごとはありませんが、一定の法則のもとに刺し進めると針目が整い、美しく仕上がります。クロスステッチは天地を逆さまにしても糸のかけ方が同じになるので、逆に進みたい場合は布の天地をひっくり返すと同じ法則で刺すことができます。

裏がきれいに揃うように刺し進めると、糸が節約できる上に、表の刺繍も自然と美しくなります。

刺し始め

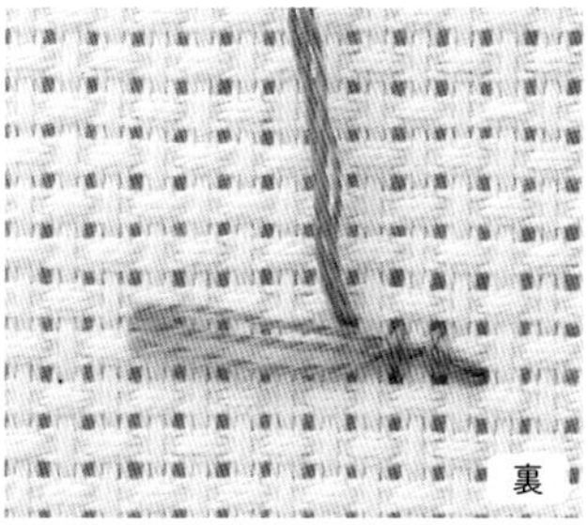

クロスステッチは刺し始めと刺し終わりに玉結びや玉留めをしません。刺し始めは裏に2cmほど残して糸を出し、糸端をくるむように刺します。

刺し終わり

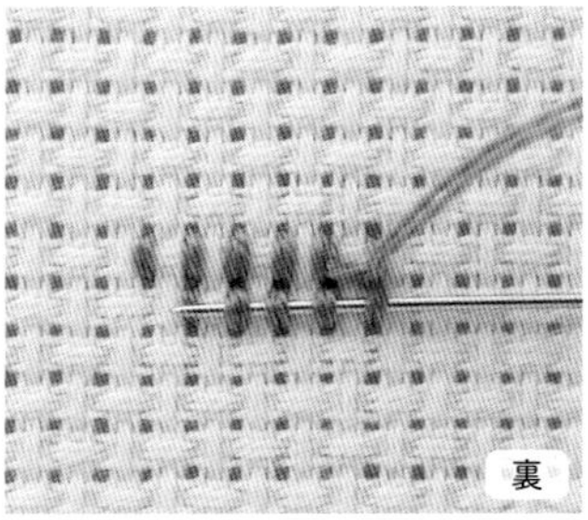

裏糸に3〜4目くぐらせて糸を切ります。糸の端は刺繍から出ないようにカットすると表に響きません。

Point

複数の色を使っている時、なるべく同じ色の糸の裏にくぐらせると、刺し間違えた時に他の糸をほどかなくてすみます。

刺し始め（偶数本どりの場合=ループメソッド）

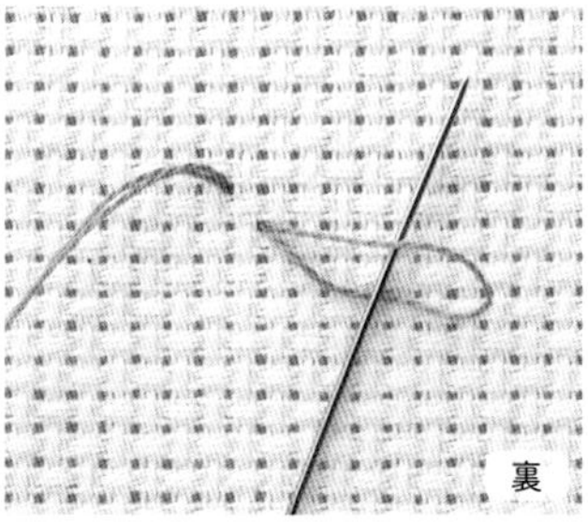

①1針めを刺した時、裏に輪の部分を残し、針をくぐらせます。

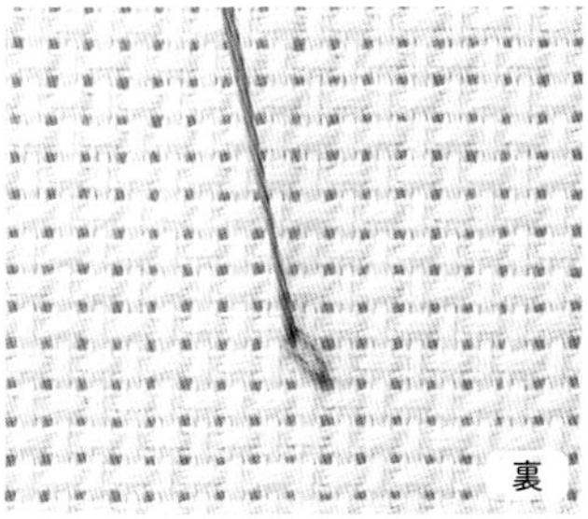

②糸を軽く引きしめます。糸端が出ないのですっきりします。

2本、4本といった偶数本どりの場合、糸を半分に折って、輪ではない方を針に通します。すると端が輪になっているので、輪の部分に針をくぐらせて刺し始めます。この方法をループメソッドといいます。

1目だけ刺す場合

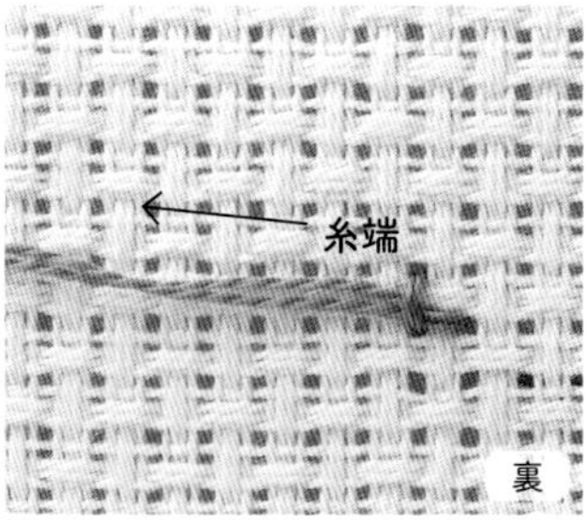

①（奇数本）刺し始めは2cmほど裏に残し、くるむように刺します。（偶数本）ループメソッドで始めます。

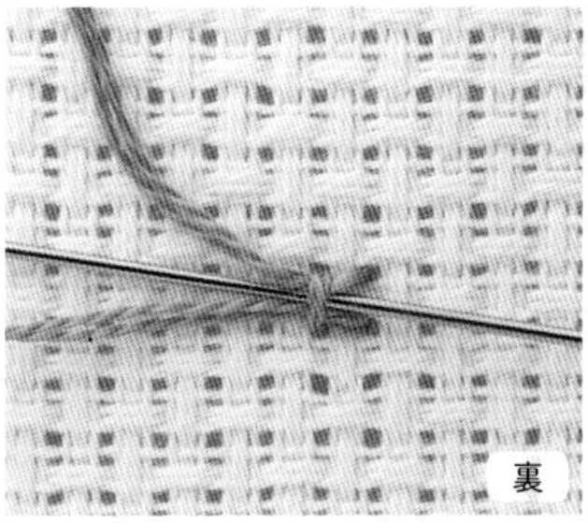

②クロスを刺したら裏の糸に2回ほどからげます。

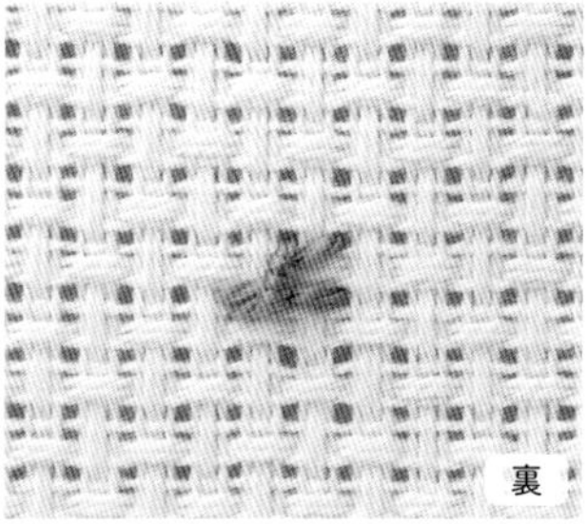

③糸を裏糸のきわでカットします。刺し始めの糸が長く残っている場合は一緒にカット。

その他のステッチ

クロスステッチ以外のステッチを組み合わせると、表現の幅が広がります。

ストレートステッチ

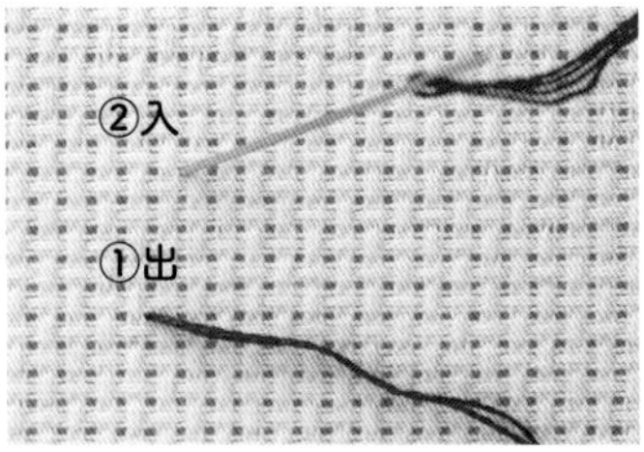

針を表に出し、刺したい
場所に針を入れます。

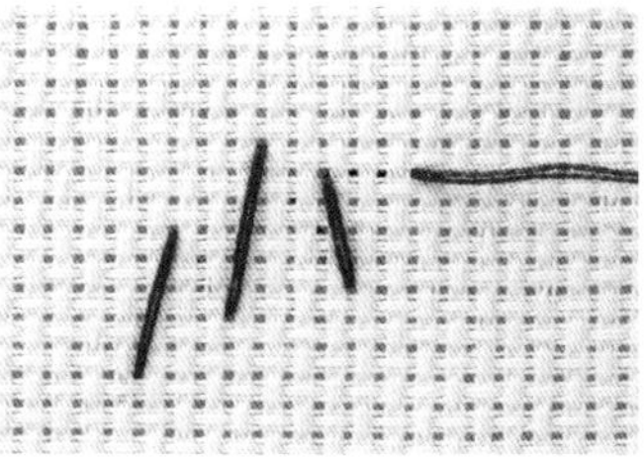

名前の通り、直線を描くステッチ。
長さや組み合わせで自由な表現が
できます。

バックステッチ

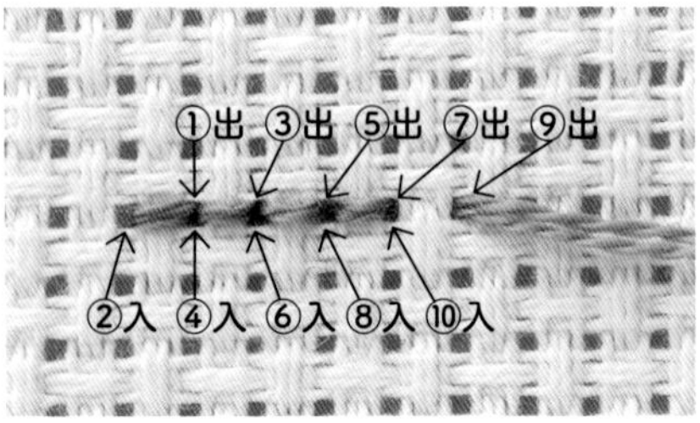

1目ずつ戻りながら進むことで、切れ
目のない直線が描けます。「本返し縫い」
の針運びと同じです。

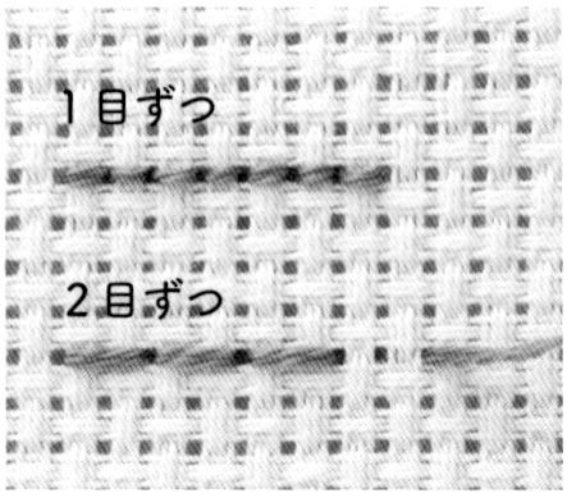

目を2目、3目ずつとる
と印象が変わります。

フレンチノットステッチ

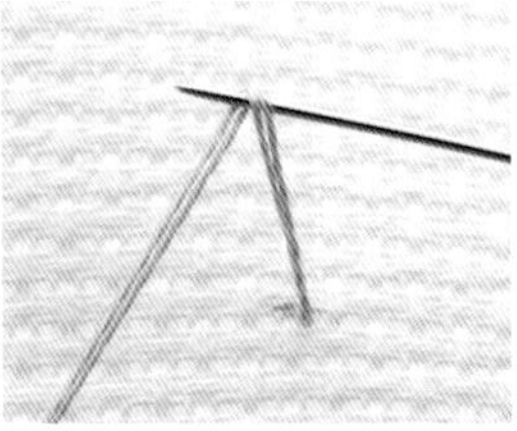

①糸を表に出し、針に糸を
1~2回巻きつけます。

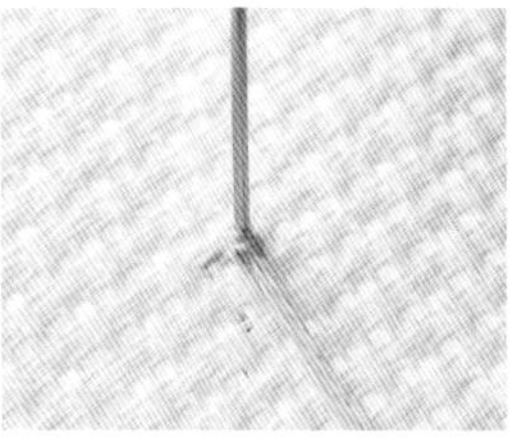

②針を同じ穴（抜けてしま
いそうなら織り糸1本分ず
らす）に刺します。

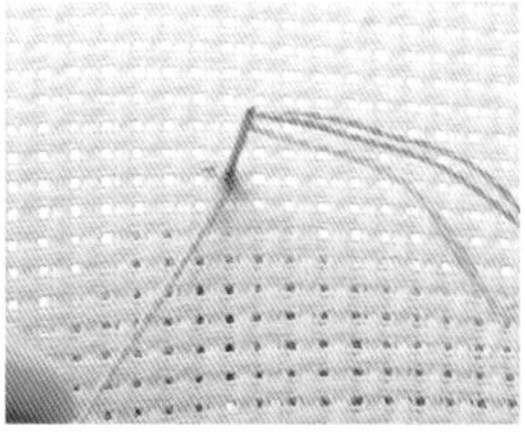

③布に対して垂直に針を立
てて裏に引き抜きます。糸
を引きすぎるとノットが小
さくなり、裏に落ちるので
注意。

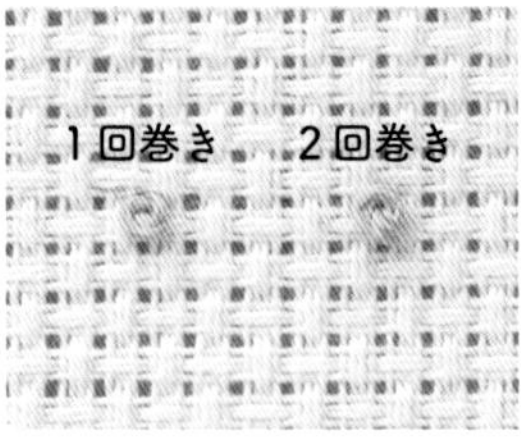

糸の本数と巻きつける回数
で、できるコブ（ノット）
の大きさが変わります。

便利なグッズ

目が細かい布や、タオルやTシャツなど目が格子状ではないものに刺したい場合、このようなグッズを使うとクロスステッチ専用布と同様に刺すことができます。

Point

キャンバスにきれいに刺すコツは、
❶クロスステッチ用の針では地の布に刺さりにくいので、先のとがったフランス刺繍糸を使用すること。
❷通常のステッチよりきつめに刺すこと。
❸となりあうステッチは同じ針目の穴に刺すこと。

抜きキャンバスの使い方　ワンポイント図案、水で色落ちする手染め糸や布の場合

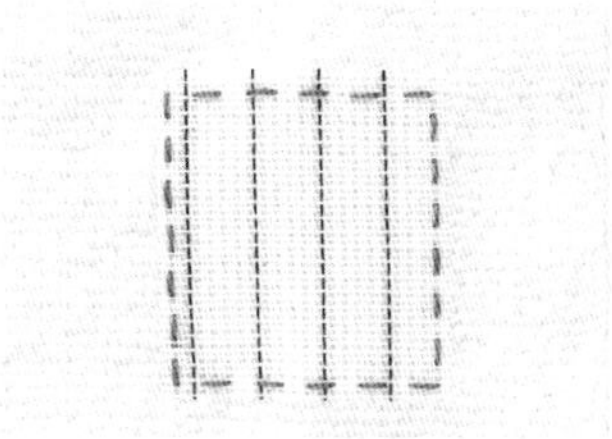

①図案よりひとまわり大きくカットして、周囲にしつけをして固定します。

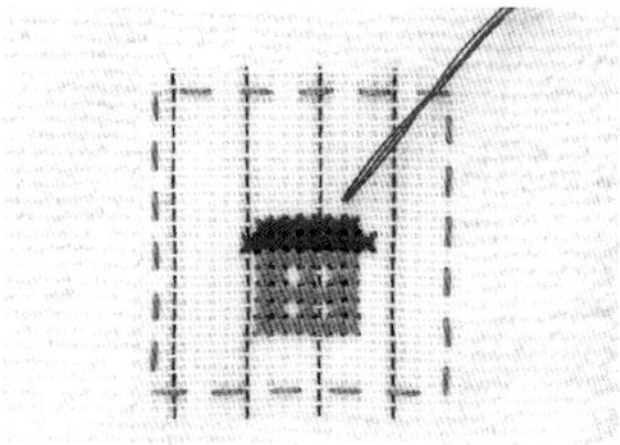

②針を垂直に立てて同じ針穴に刺すのがポイント。できたらしつけをとります。

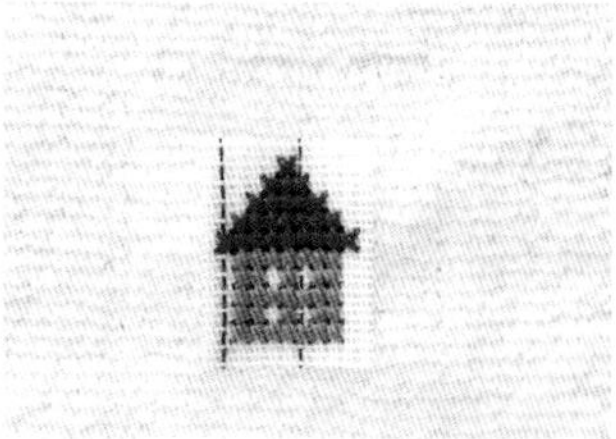

③刺繍をしていないキャンバス部分が多く残っていたらカットします。

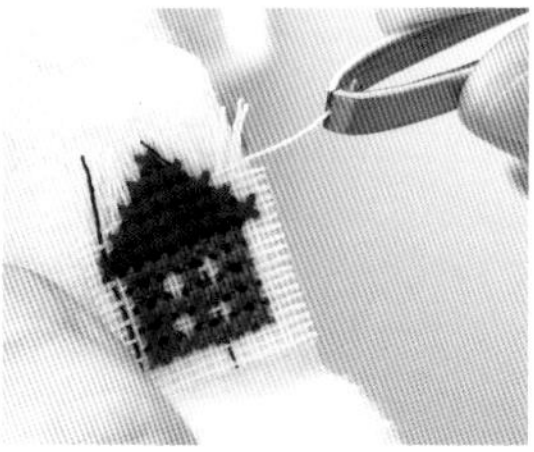

④毛抜きで1本ずつキャンバスを抜きます。刺繍部分を指で押さえ、水平垂直にまっすぐひっぱります。布の繊維を抜かないように注意。布を折ってキャンバスを立たせて抜くとよい。

⑤キャンバスが硬くて抜きにくい場合は霧吹きで湿らせて糊をとり、やわらかくします。全部抜いたらできあがり。

水に溶けるキャンバスの使い方　大きめの図案、洋服や帽子など

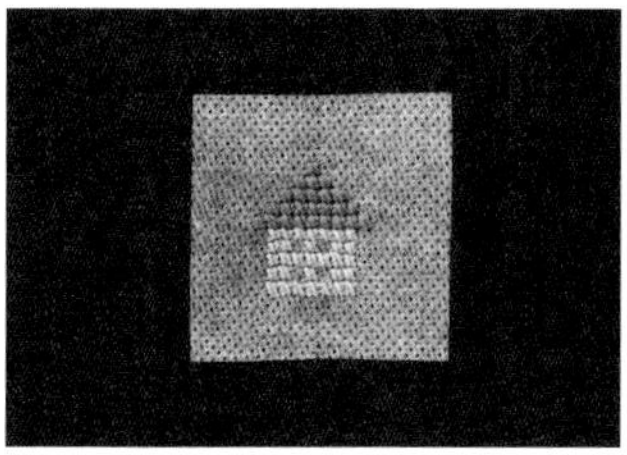

①シールタイプのものは、はくり紙をはがして布に貼り、方眼をガイドに刺繍をします。

②ぬるま湯でシートを溶かし、ぬるぬるがなくなるまでていねいに洗い流します。

③キャンバスが完全に落ちたら乾かし、裏からアイロンで仕上げをします。

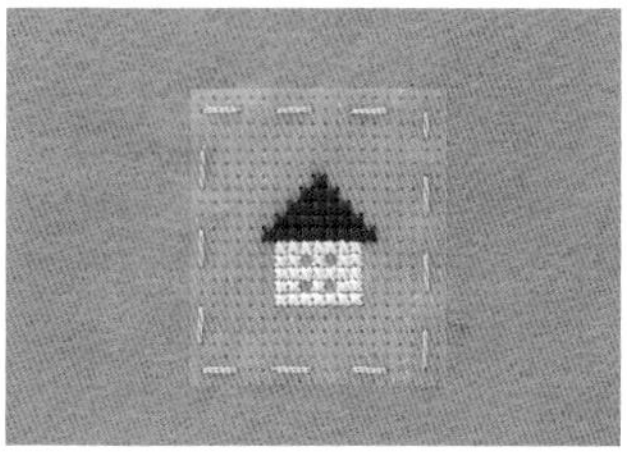

起毛素材（タオルやフェルト）の布はシールタイプだとダメージを受けやすいので、しつけをして使うタイプがおすすめ。同様にお湯に溶かしてキャンバスを取り除きます。

宗のりこ　Noriko Soh

刺繍作家。針と糸があれば幸せ。「物語のある刺繍」をテーマに絵本のような図案をデザイン・制作している。色彩豊かで遊び心あふれるオリジナル図案が人気。不定期でワークショップやネットショップ「ちいさいおみせ（オリジナルクロスステッチ図案・キット販売）」を開催。著書に『Frog and Toad クロスステッチBOOK』『シナモロールとポムポムプリンのクロスステッチBOOK』（誠文堂新光社）。
Instagram：@nonstopnon　Twitter：@noriginal_net

STAFF
ブックデザイン　林陽子（Sparrow Design）
撮影　寺岡みゆき
スタイリング　串尾広枝
モデル　アリナ・ソボレワ
制作協力　Tae*　渡辺扶貴子　土屋裕美子

材料協力　株式会社ルシアン
https://www.lecien.co.jp
ディー・エム・シー株式会社
https://www.dmc.com

衣装協力　SARAHWEAR
（P4 Tシャツ、P8ボーダーTシャツ）
tel.03-5731-2741
原宿シカゴ 下北沢店
（カバー・P56デニム、P4 サスペンダー、P4,8 デニム）
tel.03-3419-2890

キャラクター著作　（株）サンリオ

ハローキティとパティ＆ジミーのクロスステッチBOOK《ブック》

2023年4月12日　発　行　NDC594

著　　者　宗《そう》のりこ
発 行 者　小川雄一
発 行 所　株式会社 誠文堂新光社
〒113-0033 東京都文京区本郷3-3-11
電話03-5800-5780
https://www.seibundo-shinkosha.net/
印 刷 所　株式会社 大熊整美堂
製 本 所　和光堂 株式会社

ISBN978-4-416-52323-0